Magias e Rituais de Amor

Que a bênção da luz do Sol e da
luz da vela
esteja sobre você

Que a bênção das chuvas finas
e fortes esteja sobre você

Que a bênção do fogo que aquece
esteja sobre você e sobre cada convidado

Que a bênção da terra e da luz das estrelas
esteja sobre você

Tenha sempre uma saudação gentil para aqueles
que encontrar pelo caminho

Que o grande Criador abençoe você
e o abençoe bondosamente

(adaptado por Jim Cotter
de uma antiga bênção irlandesa)
Prayer at Day's Break,
[Oração ao Nascer do Sol]
Cairn's Publishing com Arthur James 1998

Susan Bowes

Magias e Rituais de Amor

Acompanhado de 13 cartas-talismãs
para orientação e encantamentos

Tradução
MARISA RITA KECK S. DA FONTE
DENISE DE C. ROCHA DELELA

EDITORA PENSAMENTO
São Paulo

Título do original: *Love Spells & Rituals*

Dedicado ao espírito do Grande Búfalo Branco Sagrado,
e a todos vocês que buscam os segredos do amor.

Enquanto o coração chora pelo que perdeu
O espírito alegra-se pelo que encontrou
Provérbio Sufi

Os leitores devem estar cientes do perigo que representam velas acesas e de que nunca se deve descuidar delas.

Pesquisa iconográfica: Lynda Marshall
Ilustrações: Safu-Maria

Os editores agradecem The Bridgeman Art Library e
Fine Art Photographic Library pelo uso das ilustrações.

O primeiro número à esquerda indica a edição, ou reedição, desta obra. A primeira dezena à direita indica o ano em que esta edição, ou reedição, foi publicada.

Edição	Ano
1-2-3-4-5-6-7-8-9	00-01-02-03-04-05

Direitos de tradução para o Brasil
adquiridos com exclusividade pela
EDITORA PENSAMENTO LTDA.
Rua Dr. Mário Vicente, 374 — 04270-000 — São Paulo, SP
Fone: 272-1399 — Fax: 272-4770
E-mail: pensamento@cultrix.com.br
http://www.pensamento-cultrix.com.br
que se reserva a propriedade literária desta tradução.

Impresso em nossas oficinas gráficas.

SUMÁRIO

PARTE UM

INTRODUÇÃO

Você não conhece sua própria perfeição até que tenha reverenciado todos aqueles que foram criados como você

Um Curso de Milagres

Não há dádiva maior sobre a Terra do que o amor; amor por si próprio, bem como amor pelos outros — pois, se não formos capazes de amar a nós mesmos, não conseguiremos confiar no amor oferecido por outra pessoa. Contudo, esta palavra de quatro letras — "amor" — carrega o peso do mundo em suas costas.

O medo do amor

Com freqüência, o simples pensamento de ser íntimo de alguém faz com que nossa alma estremeça de medo. Mas por que isso, quando certamente uma união entre duas pessoas não só é a maior expressão da dualidade divina, como também a coisa mais natural do mundo?

O amor está em toda parte

Mesmo assim, o amor está em toda parte — nas alegres canções da voz, num belo poema, no movimento do corpo, na sensação de uma suave carícia. Está também no sentimento de bem-estar proporcionado pelo azul do céu, no doce aroma das flores, no verde tranqüilizador da folhagem das plantas e árvores, na força vital dos rios e oceanos, e na força e paixão do fogo. A Mãe Natureza nos dá todas as oportunidades para curar nosso coração e nossa mente; temos apenas que nos dar conta disso. Quando isso acontecer, o mundo se tornará o lugar verdadeiramente mágico que o Grande Deus Criador tinha em mente.

O poder está em seu coração

Magias e Rituais de Amor destina-se a ajudá-lo a entender que você, pessoalmente, tem o domínio do amor divino no coração. Há muitos caminhos que podemos tomar para ganhar de volta nosso coração, e o amor não é direito exclusivo dos jovens. Ele é para todos nós, não importa que idade tenhamos; na verdade, muitos de nós só estão realmente prontos para começar um relacionamento afetivo de verdade depois de ter atingido um certo nível de maturidade emocional. E isso pode acontecer bem depois de transpormos o divisor de águas da meia-idade.

Ao pedir o auxílio e a orientação das forças elementais da natureza e de todos os nossos guias e antepassados que se foram antes de nós, começamos a entender que de fato nunca estivemos sós. Eles estão sempre presentes, ainda que no papel de silenciosos observadores, amorosos e protetores, que esperam que reconheçamos a sua presença. E são eles que ajudam a criar magia em nossa vida por meio de experiências extraordinárias e encontros sincronizados. Todos nós temos a capacidade de nos comunicar com os reinos místicos e, uma vez que o fizermos, nossa vida torna-se um encantamento.

A busca pela dádiva do amor tem sido empreendida desde o Jardim do Éden.

O poder do ritual

O ritual é a parte mais importante do processo de cura porque proporciona tempo para a reflexão e a oportunidade de deixar para trás todos os problemas que afligem o coração e a mente. É em meio a esses momentos de quietude que as cortinas da alma podem se abrir e ocorrer uma percepção profunda. Às vezes, é uma chance de derramar todas as lágrimas reprimidas que mantiveram o corpo rígido, em sofrimento, por tantos anos. Dessa forma, conseguimos então começar a libertar a nossa alma para finalmente encontrar sua verdadeira expressão criativa.

Caminhos da Mitologia

Deus criou o homem à sua imagem,
à imagem de Deus ele o criou,
homem e mulher ele os criou.
E Deus os abençoou.

Gênese 1:27

No Êxodo, a Bíblia diz que nós não podemos ver o rosto de Deus e sobreviver. Portanto, apenas podemos conhecer a divina presença de Deus através da nossa relação com nós mesmos e com os outros; para isso, precisamos ter relacionamentos, quer sejam bons, quer ruins, mas nunca indiferentes. Para explicar a complexidade dos relacionamentos humanos, quase todas as culturas antigas do mundo criaram grandes contos mitológicos em que o amor era conquistado, perdido e conquistado novamente. Dessa forma nasceram os deuses e deusas sobre os quais lemos nos dias de hoje e que passaram a fazer parte das nossas tradições culturais. Cada um desses deuses tinha uma certa característica humana que era representada na íntegra, no decorrer desses contos épicos de grandes aventuras e corajosas façanhas.

Afrodite, a deusa do amor

Afrodite, filha de Urano, era casada com o ferreiro Hefestos, ou Vulcano, na Mitologia Romana. Embora feio, ele era habilidoso em seu ofício e dócil por natureza; a beleza de Afrodite, entretanto, destruía a todos que a contemplassem. Na verdade, ela foi a origem do grande épico, a Guerra de Tróia.

Contos de deuses e deusas revelam os mistérios do verdadeiro amor.

Eros, o deus do amor

Eros, filho de Afrodite, ficou conhecido como o deus do amor, ou Cupido, na Mitologia Romana. Ele era o deus alado, cujo interesse era inquietar o coração dos homens. Ou ele inflamava-lhes paixões com sua tocha ou os feria disparando flechas em seus corações.

Quem tenha amado,
que não tenha amado à primeira vista
(Christopher Marlow)

Psiquê, deusa da alma humana, era tão linda que Afrodite se consumia de ciúme. Ela instruiu seu filho Eros para que castigasse Psiquê. Assim, foi criado um oráculo que ordenou que ela fosse amarrada a uma rocha onde se tornaria presa de um terrível monstro. Entretanto, quando Eros chegou sem ser visto para conduzi-la ao seu destino, ficou tão encantado com a beleza da moça que tropeçou, feriu-se em uma de suas flechas e se apaixonou perdidamente. Assim ela foi salva.

Mais tarde, naquela noite, Psiquê sentiu uma presença ao seu lado (Eros) que lhe disse que ele seria seu marido, contanto que ela nunca olhasse para o rosto dele; Eros a deixaria todas as manhãs para só retornar à noite. Ela prontamente concordou; entretanto, suas duas irmãs plantaram as sementes da suspeita dizendo que certamente ele deveria ser um monstro medonho para querer se esconder de tal maneira.

Finalmente, Psiquê sucumbiu às suas crescentes dúvidas e, uma noite, acendeu uma lamparina que revelou o mais lindo jovem que ela jamais vira, adormecido ao seu lado — ninguém menos do que o próprio Eros. Em sua alegria, ela acidentalmente deixou cair uma gota do óleo da lamparina nas costas de Eros. Ele acordou, censurou-a por tal traição e desapareceu. Psiquê foi deixada a vagar pelo mundo, em busca do seu amor perdido.

Afrodite finalmente capturou-a e submeteu-a a provas terríveis, que ela corajosamente superou. Finalmente, Psiquê foi enviada à Região dos Mortos, para procurar as águas da eterna juventude. Embora Perséfone, Rainha dos Mortos, proibisse Psiquê de abrir o frasco, ela o abriu e imediatamente caiu num sono profundo. Eros encontrou-a assim e ficou tão dominado pelo arrependimento demonstrado por ela, que pediu a permissão de Zeus para unir-se a ela novamente. Quando isso lhe foi concedido, ele acordou Psiquê com a picada da sua flecha. O feliz casal casou-se no Monte Olimpo e se reconciliou com Afrodite.

Superando a ilusão do amor

Esse conto nos fala de como a ilusão do amor deve ser superada para que o amor verdadeiro possa sobreviver. Dúvida e suspeita surgem com freqüência. Quando isso acontece, um dos parceiros pode pôr o relacionamento à prova, o que pode resultar em algum tipo de traição. Isso deve ser reparado para que o relacionamento continue. Contudo, o amor verdadeiro nunca pode ser destruído. Através do perdão e da compaixão, ele encontrará um caminho. Então, finalmente, ambos podem realmente se casar, ficando um ao lado do outro em perfeita união, e conhecendo profundamente todas as facetas um do outro.

Ritual: Para Abrir o Coração

Se o seu relacionamento terminou, para que tudo se esclareça, você deve acender uma vela azul em reverência àquilo que ambos têm pela frente e pela dor da separação que ambos irão sentir. O azul é a cor da cura e isso é exatamente o que é necessário neste momento em que vocês dois tentam entender todas as implicações de se ter um compromisso e o que vocês querem desse compromisso como indivíduos. Significa sacrifício, porque o amor idealizado tem que morrer a fim de que o verdadeiro amor, "sem retoques", possa surgir. Às vezes, o medo da intimidade cria barreiras que fazem com que o relacionamento fique estagnado. Reconheça seus medos anotando-os por escrito; continue completando sua lista por algum tempo até que esteja bem claro em sua mente como você reage em situações emocionalmente desgastantes.

Para ter certeza de que você está se responsabilizando totalmente por si mesmo, sem tentar projetar qualquer necessidade sua sobre o parceiro, é importante também que você o liberte para o bem dele. Faça isso mentalizando-o e dizendo adeus. Depois chame o anjo da guarda dele para levá-lo embora, sabendo que ele está completamente protegido. Isto possibilita que você realize seu potencial mais elevado e use todo seu poder pessoal — a partir dos quais você pode tomar suas próprias decisões a respeito do seu destino, de um ponto de vista seguro. Chame seu anjo da guarda e receba seu apoio amoroso. Saiba que, se for pelo bem maior de vocês, esse amor voltará muito mais forte e prazeroso do que vocês poderiam imaginar.

Enquanto estiver realizando esse ritual de libertação, diga o seguinte encantamento:

Amor, eu lhe ordeno que se vá.
Vá livremente. Pois se for o nosso destino,
você voltará para mim.
Abençoado seja.

O ritual para abrir o coração ajuda você a realizar seu potencial mais elevado.

Caminhos do Esoterismo

Se encontrou seu verdadeiro companheiro, então você foi abençoado. Nada na vida é mais importante ou gratificante; e o potencial para o crescimento espiritual é multiplicado por mil.

Hamish Miller, autor de *The Sun and the Serpent*

O enigma das almas gêmeas reside no fundo do coração de todos nós. Ansiamos por encontrar aquela outra metade que nos fará nos sentirmos inteiros, e somos abençoados se a encontramos. Mas será isso apenas uma fantasia romântica? Para aceitar o enigma das almas gêmeas, temos que considerar a idéia de que tudo no universo é uma expressão da dualidade divina, mas de que estamos aqui para cumprir um propósito mais elevado. Esse propósito é chegar a um estado iluminado de amor que permita que a verdadeira essência do Grande Deus Criador manifeste-se na forma humana.

A filosofia esotérica acredita que, quando nosso espírito separa-se da fonte da dualidade divina, nós passamos a ter uma consciência comum a um grupo de almas. Dentro desse grupo de almas, expressões individuais da alma emergem e se separam do grupo para se tornar almas orientadoras que contêm a dualidade divina do Yin e Yang, os princípios masculino e feminino. Esses dois princípios são almas gêmeas que têm certas tarefas kármicas a cumprir na vida física, antes que possam se integrar mais uma vez à fonte da dualidade divina.

Enquanto aprendem a amar, as almas gêmeas podem ficar separadas por muitas vidas antes de se reunir novamente para viajar juntas.

As almas gêmeas e o karma de família

Uma vez tomada a decisão de encarnar para empreender esses testes kármicos, as almas gêmeas dividem-se em dois seres distintos e entram no plano terrestre para começar a tarefa que lhes cabe na vida. Qualquer que seja essa tarefa kármica, sua essência será sempre aprender a amar incondicionalmente na existência física, enfrentando todos os testes necessários para vencer essa experiência.

Pode não convir que duas almas encontrem-se novamente por muitas encarnações. Elas podem se encontrar em algumas vidas, e sentir uma atração muito forte, contudo, nenhuma terá se desenvolvido ou crescido o suficiente para se unirem.

Não nesta vida

Às vezes, pode ser bom para ambas que uma não encarne, permanecendo, em vez disso, no grupo das almas para fazer outros tipos de trabalho kármico. A não ser que a pessoa saiba, no fundo do coração, que o parceiro divino não está caminhando sobre a Terra, haverá um anseio constante em encontrar essa outra "metade". É como se uma sensação de perda estivesse sempre presente, a despeito da intensidade dos relacionamentos que elas possam ter com outras pessoas. Contudo, esse anseio é uma parte necessária no processo evolucionário da alma, pois desperta o desejo de se desenvolver. Uma vez percebido isso, a procura pela manifestação externa dessa "pessoa especial" em geral cessa, e as portas do coração começam a se abrir. À medida que a alma começa a se voltar para sua evolução espiritual, ela começa a completar seu processo kármico. Isso pode levar algumas vidas até ser concluído.

Quando ambas as almas estão na mesma vibração, as circunstâncias conspiram para unir as duas, a fim de que elas possam unir suas energias masculina e feminina e expressar a Dualidade Divina. Isso, porém, não quer dizer necessariamente que elas se tornem amantes. De preferência, a ênfase recairá sobre algum tipo de trabalho espiritual elevado, em que ambas dêem uma contribuição muito maior juntas do que dariam se estivessem separadas ou com outras pessoas. Se houvesse possibilidade de se estabelecer um relacionamento sexual, então, é claro, isso seria parte de todo o processo.

O grupo de almas

Membros do nosso grupo de almas surgem constantemente em nossa vida para nos levar a essa experiência definitiva. O reconhecimento de um membro do grupo de almas se dá instantaneamente, num nível profundo. Às vezes, esses membros podem ser guardiões, que chegam no momento certo para nos tirar de algumas crises. Também é possível que eles apareçam só para partir nosso coração — sejam do tipo que transpassa o âmago do nosso ser, exibindo toda a nossa fraqueza, e depois nos deixam como uma flecha. Pode levar anos para nos recuperarmos desses encontros, e também para aprender a perdoar, mas isso é o que precisamos fazer. Nenhum de nós pode encontrar a alma gêmea sem antes ter conhecido o perdão.

Ritual: Para Reconhecer a Alma Gêmea

Acenda duas velas brancas para representar a pureza e a dualidade. Acenda um incenso, como, por exemplo, um incenso de olíbano, para aumentar sua percepção. Feche os olhos e imagine estar entrando num lindo templo, sereno e tranqüilo. No centro do templo há um grande círculo sagrado de luz e proteção, para o qual você caminha. O teto do templo abre-se para as estrelas que você pode ver nitidamente. Enquanto fita as estrelas, levante as mãos e clame pelas bênçãos dos deuses e deusas celestiais, para que eles o ajudem em sua busca. Peça-lhes que mostrem a imagem de quem é sua alma gêmea. Agora chame sua alma gêmea, para que ela se manifeste ao seu lado no círculo sagrado e fique atenta à sua presença. Coloque a mão no coração dela e deixe que ela coloque a mão sobre o seu coração. Sinta a energia entre vocês. Sem pressa, fique atento a quaisquer sentimentos que possam surgir, faça perguntas e absorva a energia. Você pode perceber, de repente, que vocês já se conhecem ou que esse encontro ainda está para acontecer. Quando se sentir pleno, deixe que sua alma gêmea se eleve pelo teto do templo, para juntar-se aos deuses e deusas. Na hora certa e quando as energias de ambos estiverem em sintonia, vocês serão reunidos, não importa onde estejam ou o que estejam fazendo. Lembre-se de que o Grande Criador age de modos misteriosos, e o amor verdadeiro em geral ocorre quando você menos está esperando. Chame o seu anjo da guarda e entregue a ele os anseios do seu coração. Quando sentir-se pronto, deixe o círculo sagrado e o templo e abra os olhos. Tome nota de qualquer idéia ou percepções que possam ter-lhe ocorrido durante este ritual.

Você também pode dizer o seguinte encantamento para ajudá-lo nos momentos em que o anseio pela sua alma gêmea for tão forte que passe a incomodá-lo:

Alma gêmea, sei que você é real.
E quando estivermos prontos, nós nos encontraremos.
Abençoado seja.

Imagine-se num templo e peça aos deuses e deusas para lhe mostrarem a imagem da sua alma gêmea.

Caminhos da União Sexual

O amor é a vida de todo homem.

Emmanuel Swedenborg

A união sexual de dois amantes não é apenas a expressão criativa mais poderosa do mundo, mas também a mais bela. Os hindus acreditam que o casal torna-se a personificação viva do deus e da deusa, Shiva e Shakti. Shiva é o puro ser, um estado imutável de pura consciência. Shakti contém os princípios da força vital: Yin e Yang; ela, portanto, representa a criação e a criatividade. É através de Shakti que nós podemos entrar em contato com a energia de Shiva, bem mais sutil. Portanto, ambas estão inexplicavelmente entrelaçadas.

Erotismo indiano

Muitas belas figuras eróticas são encontradas na Índia, em templos como o Kajuraho e nas cavernas de Ellora e Ajanta. O *Kama Sutra* foi escrito por Vatsyayana, um Homem Sagrado Hindu, depois de anos de intensa meditação. Sua mensagem é a de que, quando superamos nossos desejos sexuais básicos, podemos transformar nossa energia sexual em algo mais poderoso, que pode nos levar à liberdade espiritual.

A energia da serpente

Esta simbologia é conhecida como *kundalini*, ou energia da serpente, que é ativada tanto pela excitação sexual como pela meditação. Ela sobe da base da coluna para o topo da cabeça, ou *chakra* da coroa, como é conhecido no meio esotérico. Quando a energia alcança esse ponto, é possível experimentar um estado de espírito exultante e inefável. Entretanto, muito poucos de nós alcançaram um nível de crescimento e percepção que possa levar a tal experiência. Além disso, é considerado muito perigoso liberar essa incrível energia vital antes que estejamos prontos para lidar com ela.

Vergonha e culpa

Para a maioria de nós, o sexo está ligado a sentimentos de vergonha e de culpa. É necessário um desejo verdadeiro de mudança para quebrar hábitos e crenças obsoletas com relação ao sexo. Além disso, temos que encontrar um companheiro que esteja tão empenhado quanto nós em encarar suas questões sexuais. Ambos os parceiros devem estar empenhados em fazer com que essa cura aconteça. Contudo, isso é exatamente o que devemos fazer se quisermos alcançar a verdadeira harmonia e paz de espírito.

Quando um casal supera os desejos sexuais básicos, sua união cria uma expressão da dualidade divina na Terra.

Ritual: Seu Corpo É seu Templo

O melhor dia para se fazer este Ritual é domingo, uma vez que este é o dia da cura. Usando sete velas brancas, faça um círculo sagrado suficientemente grande para que você possa se sentar dentro dele com segurança. Enquanto acende cada vela sucessivamente, diga o seguinte encanto:

Quero curar minhas feridas sexuais
para que eu possa assumir completamente minha
expressão sexual com alegria e liberdade.
Abençoado seja.

Feche os olhos e imagine que está abrindo uma porta na base da sua coluna, onde reside sua identidade sexual. Atrás dessa porta, há uma personalidade que guarda os segredos da sua expressão sexual. Peça à personalidade para que se mostre a você. Converse com ela. Perceba a idade que ela tem; talvez seja uma criança muito pequena ou na adolescência, ou presa a crenças negativas que impedem você de abrir seu coração quando inicia um relacionamento sexual. É bem possível que sentimentos muito poderosos comecem a surgir, portanto, permita que eles sejam como são. Procure não se julgar. Em vez disso, apenas os reconheça. Dessa forma, deixamos que a verdade fale mais alto, o que nos leva naturalmente a uma cura interior profunda. Pergunte à personalidade o que ela necessita a fim de que a cura sexual ocorra. Pode ser uma boa idéia chamar todos os seus antigos amantes a fim de que possa libertá-los da sua psique. À medida que liberta cada um, você liberta a si próprio. Também pode ser bom perdoar as pessoas que lhe fizeram mal durante a infância. Não tenha pressa e fique ciente de que, com freqüência, uma intensa raiva pode vir à tona durante um ritual de cura sexual. Contudo, por trás dessa raiva, está

O ritual de cura sexual pode dissipar sentimentos negativos e deixar o corpo e a alma tranqüilos e purificados.

a dor. É isso que nós temos que tocar para começarmos a nos libertar do passado.

Quando se sentir pronto, comece a purificar todo sentimento negativo de vergonha e culpa, repulsa por si próprio e baixa auto-estima, que você manteve presos dentro de si, na base da coluna. Continue fazendo isso até que você tenha uma sensação de limpeza e paz. Banhe o local com uma luz vermelha, de tom profundo e terapêutico, e peça a seus anjos que o abençoem. Veja como a personalidade começa a mudar e perceba o que ela quer fazer agora para continuar com o processo de cura.

Quando se sentir pleno, abra os olhos e faça anotações a respeito do que aprendeu sobre si mesmo. Você pode repetir esse ritual quantas vezes quiser.

Caminhos do Respeito por Si Mesmo

Como o fogo da vida,
o amor ou consome ou purifica

Anon

Quando nos unimos sexualmente a alguém, seja por uma hora, por uma noite, ou pelo resto de nossa vida, uma poderosa troca de energia acontece. Na verdade, absorvemos a essência um do outro. Os antigos taoístas acreditavam que nós assumimos os problemas kármicos daqueles com quem nos deitamos. Portanto, quando escolhemos um amante, estamos também escolhendo o nosso destino. Esse é um pensamento aterrador, com implicações infindáveis para aqueles que praticam sexo com numerosos parceiros. Sendo assim, é imperativo compreender que o nosso corpo é o nosso templo; um lugar completamente sagrado que devemos aprender a respeitar e a reverenciar se quisermos nos curar adequadamente.

O sexo e a psique

Quando uma união sexual não é fruto do amor, profundos sentimentos de esgotamento, desalento e repulsa por si mesmo começam a surgir. Isso pode se tornar evidente muito rapidamente, embora se diga que seja preciso até três semanas para que a psique liberte a energia gerada por um encontro sexual. Pular de um encontro amoroso como esse para outro, sem dúvida causa um grande dano à psique. É claro que, às vezes, um encontro passageiro com um estranho pode ser uma experiência incrivelmente rica e terna — mas isso tende a ser mais uma exceção do que uma regra. Encontros freqüentes que proporcionam só prazer sexual começam a matar a alma lentamente. Is-

Uma sucessão de encontros sexuais sem amor pode prejudicar a alma.

so porque a alma sempre anseia pelo aspecto mais elevado do amor espiritual: a experiência de Shakti e Shiva.

Yin e Yang

Muitos homossexuais têm o mesmo desejo inato de amor e companheirismo que têm os heterossexuais; e muitos estabelecem relacionamentos estáveis e duradouros. No entanto, os antigos taoístas acreditavam que, só quando um homem e uma mulher se encontram, é que é possível chegar ao ponto culminante da sintonização espiritual.

Do ponto de vista físico, é mais difícil para dois homens ou para duas mulheres suprirem a polaridade Yin e Yang necessária para se alcançar esses estados de expansão através da atividade sexual. Dois homens sexualmente ativos, quando juntos, podem sobrecarregar a energia Yang, enquanto duas mulheres podem sobrecarregar a energia Yin.

É importante entender que, quando a atividade sexual básica é o foco primário da vida, seja ela hétero ou bissexual, ela incentiva nossos padrões de comportamento destrutivos. Definitivamente, sexo por sexo faz nos sentirmos infelizes, vazios e solitários. Uma vez que reconheçamos isso e paremos de desperdiçar nossa força vital, encarando e amenizando nossas ansiedades, abrimos a porta para uma expressão sexual extremamente enriquecedora e repleta de integridade pessoal. Sem essa integridade, nós simplesmente permanecemos no degrau inferior.

De acordo com o antigo pensamento taoísta, na união sexual, nós assumimos o destino kármico do nosso companheiro.

Ritual: Para Apreciar a Si Mesmo

Acenda uma vela verde e seu incenso favorito. Enquanto faz isso, profira o seguinte encantamento:

Eu reverencio meu caminho e crescimento.
Eu reverencio todos aqueles que, em minha vida,
ajudaram-me a ver a verdade.
Abençoado seja.

Feche os olhos e peça à sua deusa interior para que ela se mostre a você. Essa deusa simboliza sua própria grandeza, força e poder. Veja o quanto você progrediu e o quanto realizou durante a vida. Congratule a si mesmo pela sua coragem de viver, não importando o que a vida colocou em seu caminho. A vida é um desafio e você está em meio a uma aventura, venha o que vier. Peça a ajuda e o apoio da sua deusa. Receba o amor e o reconhecimento dela pela sua beleza e comprometimento com relação à vida. Agora chame em pensamento todas aquelas pessoas que o ajudaram a chegar aonde chegou. À medida que aparecem, cada uma lhe dará um presente, que pode ser um sentimento, uma emoção ou algo mais "prático". Anote qual foi o presente ao lado de cada nome. Reverencie uma por vez e agradeça pelo papel importante que elas tiveram. Abra o coração para si mesmo. Você é uma alma magnífica que está fazendo exatamente o que deve ser feito a fim de crescer e se desenvolver no mundo. Reverencie seu próprio plano de vida, que não é igual a nenhum outro; essa é sua jornada pessoal, que pode ser compartilhada com outras pessoas, mas nunca vivida por elas.

Quando sentir que está pronto, diga adeus à sua deusa, mas lembre-se de que ela está sempre ali, esperando para lhe dar incentivo e apoio. Deixe a sua vela verde queimar completamente, como uma afirmação do seu eterno compromisso para consigo mesmo e com seu desenvolvimento.

Sua deusa interior é um símbolo
da sua própria grandeza, força e poder.

Caminhos da Cura

O amor é tudo o que temos;
a única maneira pela qual um pode ajudar o outro.
Eurípides

Quando um relacionamento acaba, por qualquer razão que seja, surge uma oportunidade de ouro para se questionar conceitos românticos irreais. Veja isso como uma ocasião para transformar a decepção, a desilusão e a amargura em instrumentos de auto-ajuda; para abrir o coração e trazer à luz os problemas que estavam por trás do rompimento.

Nossos medos

Questões não-resolvidas trazem à tona uma série surpreendente de problemas de comunicação. A origem disso é o medo de ser amado, acompanhado do medo de não querer ouvir a verdade sobre nós mesmos, de sermos abandonados ou de ouvirmos que não somos queridos ou não somos suficientemente bons. Com freqüência, antes desse medo realmente vir à tona, o relacionamento chega ao fim, porque, subconscientemente, um dos parceiros percebe que estão prestes a surgir questões relativas à autovalorização. Aceitar que alguém nos ama verdadeiramente é uma posição incrivelmente vulnerável e muito mais desafiadora do que amar. Quando projetamos nosso amor em outra pessoa, sentimo-nos definitivamente no controle; podemos nos entregar a ele por impulso, tornarmo-nos vítimas dele ou nos deliciarmos com ele. Mas recebê-lo e acreditar nele é outra coisa; basta uma palavra dura ou um olhar de flerte para outra pessoa para nos desorientar completamente. Ciúme, raiva, fúria e medo desafiam imediatamente nossa autoconfiança, nosso companheiro e nosso relacionamento. Ou os dois decidem isso juntos com amor e paciência ou ambos usarão suas questões não-resolvidas para se castigarem ainda mais um ao outro.

Auto-estima

Todos os padrões de sabotagem giram em torno da baixa auto-estima; a criança ferida que sente que não é merecedora de amor. Nós, portanto, estabelecemos nossos próprios padrões de punição emocional, apenas para provar o quanto somos desprezíveis, pois, na verdade, ser íntimo de alguém é tão ameaçador que fazemos qualquer coisa para escaparmos disso. Alguns de nós lidam com isso transferindo todas as necessidades emocionais para figuras de heróis: estrelas do mundo da música, ídolos do cinema e assim por diante — ou para pessoas inatingíveis, que não são capazes de retribuir nossa afeição. Desse modo, podemos nos entregar à nossa dor, usando-a como uma proteção para evitar a questão real: a criança interior ferida, isolada na dor e chorando no recesso da nossa alma. É fazendo as pazes com as feridas da nossa criança interior que podemos finalmente começar a nos tornar adultos responsáveis, capazes de travar relacionamentos maduros e gratificantes.

Perseguir aqueles que não são capazes de retribuir nosso amor é um sinal de baixa auto-estima e uma forma de autopunição.

Ritual: Perdão

Você precisará de seis velas verdes, todas untadas com seis gotas de óleo de lavanda. Grave seu nome em um dos lados das velas, e do outro as palavras "curando meu coração". Quando estiver pronto para acendê-las, diga o seguinte encantamento:

Invoco as forças curadoras da verdade
e da lucidez para ajudar meu coração a se abrir.
Abençoado seja.

Feche os olhos e volte seu olhar interior para o coração. Visualize as condições em que ele se apresenta e então desenhe essa imagem num pedaço de papel. Pinte as áreas em que ele guarda o medo de amar e a dor que você sentiu com relacionamentos rompidos. Agora, ao lado do desenho, faça uma lista de todos os pensamentos negativos que o impedem de iniciar um relacionamento satisfatório. Nomes de pessoas podem também vir à mente — anote-os também. Talvez seja a hora de encarar as questões não-resolvidas que você tem com elas. Com muita freqüência, os relacionamentos terminam por causa de um mal-entendido. A inabilidade para falar com franqueza leva à amargura e à alienação. Escrever uma carta é uma maneira muito boa de lidar com questões de relacionamentos não-resolvidos. Você pode decidir queimá-la depois de pronta ou até enviá-la ao destinatário. Seja tão honesto quanto possível, sem atribuir culpas. Lembre-se apenas de que a pessoa com quem você escolhe ter um relacionamento é o reflexo de como você se sente, subconscientemente, com relação a si mesmo. Esse é o momento de libertar e perdoar para que você possa seguir adiante em sua própria vida. Curar é como retirar as camadas de uma cebola — tão logo você tenha resolvido uma questão, outra surgirá para ser resolvida. Mas, cada vez que isso acontece, você passa a se conhecer melhor, pode começar a se sentir mais à vontade consigo mesmo, e a dor diminui. O perdão é uma parte vital desse processo, pois, finalmente, você está perdoando a si mesmo. Todos temos uma criança interior que sente não merecer amor até que descubramos o porquê. Somente perdoando podemos nos livrar do peso da nossa alma e permitir que nossa luz brilhe.

Apenas encarando as emoções negativas do passado, e perdoando aqueles que lhe causaram dor, você pode libertar seu coração.

CAMINHOS DOS RELACIONAMENTOS

Venha viver comigo e seja meu amor
E nós provaremos de todos os prazeres
Que as colinas e vales, várzeas e campos
Bosques ou montanhas íngremes oferecem.

Christopher Marlow,

The Passionate Shepherd to his Love

Quando temos um relacionamento de certa profundidade, temos grandes oportunidades para evoluir. Contudo, os relacionamentos fluem num ciclo rítmico assim como a própria vida; às vezes progredindo, às vezes retrocedendo. Os relacionamentos estão aí para nos desafiar e, quando nossas questões não-resolvidas surgem, nossa dor vem à tona, fazendo com que nos afastemos do nosso companheiro. Entretanto, se ambos quiserem assumir a responsabilidade pelo que está acontecendo, esses sentimentos de dor podem ser transformados em eficazes processos de cura, após os quais laços ainda mais estreitos se formarão.

Analisando seu relacionamento

É esse fluxo e refluxo, esse movimento constante, que mantém um relacionamento vibrante e dinâmico. Quando ele deixa de ser um desafio, perde a emoção e uma estagnação mortal se inicia. Se vocês dois se dedicam ao seu desenvolvimento pessoal, o melhor ponto de partida é o relacionamento! Dediquem a ele o máximo de tempo que puderem. Ter plena consciência um do outro requer enorme esforço e paciência. Perceba seus padrões de comportamento e deixe que seu companheiro os aponte, mesmo que isso signifique uma briga. As brigas podem "arejar o ambiente" e, com freqüência, permitem que se fale de verdades profundas que não haviam sido ditas antes. A prin-

Dediquem-se um ao outro
e o relacionamento só terá a ganhar.

cipal razão de sermos íntimos de alguém é aprender que não há perigo em sermos quem realmente somos, sem fingimento, sem máscaras, sem desculpas.

Forças ocultas

Para se chegar a esse nível de intimidade pode ser preciso uma vida inteira ao lado de uma pessoa ou, então, de muitos relacionamentos. Tudo depende da nossa psique e do nosso karma. Às vezes, nós simplesmente superamos questões que nos confrontam num relacionamento, e depois é necessário seguir adiante. Quantas vezes reencontramos um amor antigo e nos perguntamos o que vimos nessa pessoa? Entretanto, quando um relacionamento serve para o crescimento maior de ambas as partes, o universo conspira para manter o casal junto, não importando quais dificuldades possam ocorrer. Da mesma forma, se o relacionamento não mais servir a um propósito, o universo cria oportunidades para que o casal se distancie. É então que temos de encarar o difícil desafio e a dor de renunciar a uma confortável familiaridade.

O aumento da percepção

Tudo conspira para impulsionar nosso crescimento, proporcionando-nos continuamente oportunidades, escolhas e testes. O que fazemos ou como lidamos com eles, nós é que decidimos. Se houver aceitação e compaixão verdadeiras no relacionamento, os parceiros estarão sempre prontos a se apoiar nos tempos difíceis e de incerteza e na celebração dos bons momentos. À medida que cada padrão negativo é lentamente desfeito e cada questão resolvida, tornamo-nos mais plenos e, portanto, mais aptos para criar o tipo de relacionamento harmonioso com o qual sempre sonhamos. Sendo assim, se você está sozinho no momento, crie coragem. Todo o crescimento que você alcançou aumentará automaticamente a consciência de quem e do que você é. Seu próximo relacionamento se harmonizará naturalmente com esse novo nível de percepção.

Ritual: Para Livrar-se de Padrões Negativos

Se você está com problemas de relacionamento e necessita de algum esclarecimento, este ritual pode ajudá-lo a encontrar algumas respostas. Você pode realizá-lo sozinho ou com seu parceiro, caso ele queira.

Acenda seis velas cor-de-rosa em veneração ao seu relacionamento e coloque-as em círculo, num altar com flores, ao lado de um incenso. Coloque uma vela azul no centro do círculo, representando a cura que você deseja realizar. Descreva por escrito o problema que você está atravessando em seu relacionamento. Quais sentimentos vêm à tona? Seja realmente honesto. Você se deparou com esse mesmo problema em relacionamentos passados, ou pode ver algum tipo de padrão negativo que está se repetindo? Se estiver com seu companheiro, leia o que escreveu. Olhem-se nos olhos e, se ficarem com medo, dêem-se as mãos. Mantenham-se atentos ao momento presente. Fiquem conscientes dos seus sentimentos e continuem falando sobre o problema. Contem um ao outro sobre velhos padrões que vocês acham que ainda estão atuando. Se estiver só, você pode usar um espelho para falar consigo mesmo ou simplesmente dizer o que for preciso em voz alta. O mais importante é ficar atento ao que se passa em seu íntimo. Conscientizando-se dos seus padrões, você pode começar a desfazê-los.

A honestidade é a chave para curar todos os relacionamentos. Ser "visto" pelo seu companheiro é uma experiência muito profunda. Também faz com que vocês fiquem muito mais próximos, pois faz com que se sintam muito mais seguros um com o outro. Vocês se tornam um time, e apóiam-se mutuamente, afastando assim o medo da rejeição ou de ser desvalorizado. Agradeçam um ao outro pelo amor que têm e pelo amor que continua a se desenvolver e a dar frutos.

Vocês também podem aproveitar para reforçar o compromisso que têm um com o outro. Se estiver sozinho, pode usar o seguinte encantamento para fortalecer o compromisso de romper com seus padrões negativos:

Estou disposto a ver a mim mesmo com absoluta clareza
e honestidade a fim de que eu possa melhorar
a qualidade do meu relacionamento.
Abençoado seja.

Deixe todas as suas velas queimarem completamente. Para tanto, cuide para que elas fiquem num local seguro.

Se você estiver encontrando
dificuldades em seu relacionamento,
realizar um ritual de cura
pode fortalecer seu relacionamento.

Caminhos da Solidão

O homem sábio olha para o espaço e não considera
o pequeno pequeno demais nem o grande grande demais,
pois ele sabe que não há limite para a dimensão

Lao-Tzu

Às vezes, é importante que evitemos completamente qualquer relacionamento íntimo. Precisamos desse espaço para termos tempo para nós mesmos, para reavaliarmos quem somos e o que queremos fazer com nossa vida, e curar nossas feridas sem sermos influenciados pelos outros. Isso pode ser especialmente relevante quando tivermos sofrido uma decepção amorosa tão traumatizante que possa ter de fato "congelado" completamente nosso coração. Contudo, como em todas as experiências emocionais profundas, há sem dúvida um poderoso ensinamento subjacente, que só poderá vir à tona uma vez que tivermos iniciado o processo natural de pesar.

Sofrimento

A capacidade de sofrer é tão importante quanto a capacidade de amar, pois ela permite que nos libertemos do passado e, sentindo verdadeiramente a perda, possamos começar a sentir toda a raiva, culpa, medo e solidão que estejam associados a qualquer forma de morte. Embora tenhamos que enfrentar muitos tipos de decepção em nossa vida, quando um companheiro nos deixa, não temos outra escolha a não ser encarar o pavor de sermos abandonados. A experiência nos coloca face a face com o fato de estarmos separados do Grande Deus Criador, nossa Origem; enquanto não integrarmos essa causa última da dor, não conseguiremos nos libertar. Vivendo conscientemente e respirando a solidão desoladora de nos sentirmos definitivamente sozinhos, podemos começar a ser quem realmente somos. Não há lugar para máscaras ou jogos, quando tocamos o núcleo da nossa tristeza, e a única forma de fazer isso é nos entregarmos completamente à escuridão. Eu mesma atravessei essa fase deitando-me e pedindo aos anjos que me ajudassem a expirar essa dor para fora do meu corpo. E eles me ajudaram. Isso é tudo o que posso dizer.

Tornar-se uma pessoa plena tanto na alegria como na dor significa que estamos finalmente na invejável posição de viver a vida plenamente, atrair nossa verdadeira alma companheira e começar o trabalho da nossa vida. Esse é um trabalho que será de grande valia para você mesmo, para seu companheiro e para todos aqueles com os quais você entrará em contato de agora em diante.

Sermos abandonados por alguém que amamos é uma experiência profundamente dolorosa, mas nós temos que aprender com esses sentimentos e crescer por meio da dor.

Solidão

Portanto, não precisamos nos fazer de vítimas quando estamos sozinhos, pois essa é uma ocasião verdadeiramente extraordinária para nós. Tanto podemos nos isolar ainda mais, atrofiando-nos no medo de sentir mais dor, como podemos usar essa ocasião como a oportunidade perfeita para investigar o pavor que sentimos da perda, para curar nossa criança interior, para abrir nosso coração e aprender a estender a mão para os outros — possivelmente pela primeira vez em nossa vida. E, sim, nós precisamos nos preparar para situações difíceis, de vez em quando, pois essa é uma jornada difícil. No entanto, quando chegarmos do outro lado, iluminaremos o mundo ao nosso redor.

Ritual: Para Descobrir Quem Você É

A coisa mais importante a fazer quando você está enfrentando a solidão é aprender a ser gentil e terno consigo mesmo. Dê um tempo a si mesmo para receber uma mensagem, fazer coisas de que realmente gosta ou começar a fazer algo que lhe traga paz de espírito. Quando estamos sozinhos, temos a oportunidade definitiva de encarar de frente a separação entre quem realmente somos e quem pensamos ser. Portanto, é hora de procurar algum tipo de compreensão espiritual, para voltarmos a nos ligar com nosso eu mais pleno, e trabalhar verdadeira e honestamente com nosso coração. É sempre vantajoso criar um ambiente tranqüilo quando você precisa de tempo para meditar e refletir. Acender velas e incenso pode auxiliar muito, assim como ouvir música. Contudo, quando sentimentos abjetos de solidão surgem, pode ser muito difícil encontrar um caminho através da dor. Descobri que a melhor maneira de fazer isso é confortar-se segurando algo macio dentro do qual se possa respirar. Eu posso também pedir auxílio aos meus anjos e guias para sentir que estou sendo amparada, amada e incentivada. A solidão é algo com que todos nós nos deparamos várias vezes na vida porque ela nos lembra de quanto nos distanciamos do nosso centro do coração. Portanto, essa pode ser a hora per-

Nas ocasiões de absoluta solidão, uma música suave pode ajudar a amenizar a dor que sentimos.

feita para entrar em algum tipo de terapia ou aconselhamento. Apenas lembre, nossa jornada não é algo que possa ser apressado. Essa é uma busca para a vida inteira e é de fato a verdadeira razão pela qual escolhemos encarnar no plano físico. Também vale a pena lembrar que, ano após ano, a escuridão do inverno é sucedida pela beleza e pelo vigor da primavera.

É importante criar uma atmosfera tranqüila quando tentamos fazer as pazes com a solidão. Isso pode ser feito usando-se velas e incenso ou ouvindo música.

Caminhos do Corpo

Uma vida sem amor
É como um ano sem verão

Provérbio sueco

Começar a se livrar do medo de amar e ser amado, pode ser uma experiência muito desagradável, pois, à medida que a dor emocional começa a vir à tona, ela pode se tornar intensamente física.

Caminhos da barriga

É difícil respirar quando nosso coração está fechado; nós apenas inspiramos ar suficiente para nos manter vivos e vivemos à beira do pânico. Nosso corpo começa a adoecer para fugir dessa realidade e, mentalmente, preferimos evitar o presente. Para abrir nosso coração novamente, temos que aprender a inspirar até o fundo da barriga. Na China, isso é conhecido, na medicina, como Hara: a sede da força. É por isso que, nas ocasiões emocionalmente difíceis, nossos hábitos alimentares são severamente afetados ou nos sentimos como se tivéssemos recebido um chute na barriga. O umbigo é o centro do Hara, e está energeticamente ligado a todos os órgãos do corpo. Cada par de órgãos tem diferentes reações emocionais positivas e negativas.

OS ÓRGÃOS E SUAS REAÇÕES

PULMÃO E INTESTINO GROSSO
ABERTOS: Dando e recebendo
FECHADOS: Sofrimento/depressão/comportamento anti-social
Medo de libertar/pensamento negativo

ESTÔMAGO E BAÇO
ABERTOS: Estabilidade e receptividade
FECHADOS: Preocupação/frustração/problemas digestivos
Falta de doçura na vida/atividade mental excessiva

CORAÇÃO E INTESTINO DELGADO
ABERTOS: Paciência e alegria
FECHADOS: Falta de alegria/excessivamente falante
Incapaz de assimilar a experiência da vida

BEXIGA E RINS
ABERTOS: Gentileza e generosidade
FECHADOS: Nervosismo/apego às pequenas coisas do dia-a-dia
Medo/ falta de poder

FÍGADO E VESÍCULA BILIAR
ABERTOS: Candura e perdão
FECHADOS: Raiva e teimosia
Amargura/incapacidade de delegar

TRIPLO AQUECEDOR E PERICÁRDIO*
ABERTOS: Equilíbrio e harmonia
FECHADOS: Obsessão/excesso de zelo
Superproteção/apego às emoções

** O pericárdio relaciona-se à circulação da energia e ao sexo, o triplo aquecedor é associado ao canal psíquico, à família e as atividades sociais.*

Ritual: O Sorriso Interior

Os antigos taoístas usavam um maravilhoso método de meditação chamado Sorriso Interior para ajudar na cura do coração. Eles acreditavam que, como toda matéria terrestre, nossos órgãos também contêm entidades espirituais. Essas entidades cuidam do bem-estar de cada órgão, assegurando sua saúde e vitalidade. Entretanto, quando fechamos nosso coração, as entidades se afastam e os órgãos começam a se degenerar, assim como o corpo se desintegra após a morte.

A meditação do Sorriso Interior é uma série de exercícios diários nos quais a pessoa sorri para cada órgão do corpo, um de cada vez — é uma espécie de suave chamada ao despertar, se você preferir. Como em todas as formas de ternura afetuosa, o órgão naturalmente se reanima e emite raios de luz para o resto do corpo. A importância da comunicação é vital em qualquer relacionamento bem-sucedido, e, quanto a isso, comunicar-se com as partes internas do nosso corpo não é diferente. Também é muito divertido imaginar o caráter de cada espírito que é guardião dos seus órgãos.

Sorrindo para nossos órgãos internos podemos emitir raios de luz que energizam o corpo todo.

Caminhos dos Chakras

Não importa o que você
esteja fazendo, ame a si próprio por estar fazendo

Thaddeus Golas,

Lazy Man's Guide to Enlightenment

Este é outro exercício muito proveitoso para se afastar quaisquer sentimentos indesejáveis. A palavra *chakra* vem do termo sânscrito para "roda", a qual, quando a saúde é perfeita, gira num movimento circular energético.

Os sete chakras

Os sete diferentes *chakras* estão localizados ao longo da espinha dorsal; eles são o *chakra* da raiz, do sacro, do plexo solar, do coração, da garganta, do terceiro olho e da coroa.

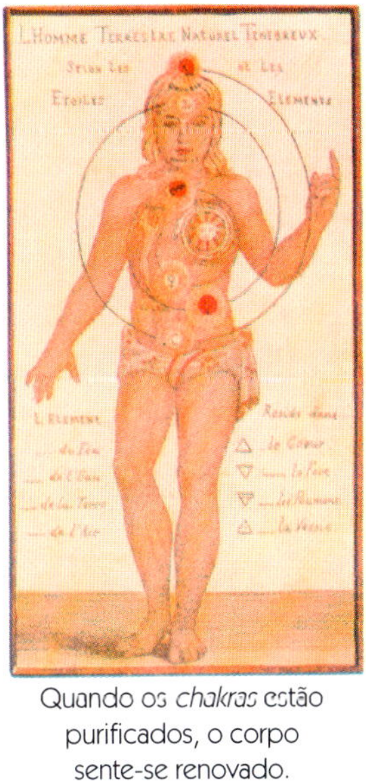

Quando os *chakras* estão purificados, o corpo sente-se renovado.

Quando o *chakra* da raiz está fechado, ficamos sem energia e por isso evitamos atividades físicas; quando o *chakra* do sacro está fechado, isso dá origem a problemas e fantasias sexuais. Um *chakra* do plexo solar fechado distorce nossos relacionamentos; o sexo é separado do amor. Um *chakra* do coração fechado faz com que nos tornemos emocionalmente exigentes com os outros ou faz com que nos isolemos. O bloqueio do *chakra* da garganta nos leva a não assumir responsabilidade por nós mesmos, enquanto que o bloqueio do *chakra* do terceiro olho nos leva à confusão mental e prejudica todos os nossos relacionamentos. O bloqueio do *chakra* da coroa significa que perdemos contato com a Fonte e, como resultado disso, somos incapazes de aceitar as experiências espirituais das outras pessoas.

Ritual: Limpeza dos Chakras

Trabalhar com os *chakras* é uma experiência de cura muito poderosa.

A limpeza dos *chakras* é feita com mais eficiência enquanto se está deitado, num momento em que se sabe que não se será perturbado. Acenda uma vela cor-de-rosa para o seu coração e talvez algum incenso de cheiro doce. Em sua imaginação, comece pelo *chakra* da raiz, pensando nele como uma porta. Observe a porta devagar antes de abri-la, e fique atento aos seus sentimentos à medida que eles surgirem. Abra a porta e deixe fluir seja lá o que for que você encontre por trás dela. Isso pode se manifestar em todos os tipos de pensamentos, sentimentos e imagens. (É possível que alguns venham da sua infância.) Fique com eles até que você comece a sentir uma sensação de clareza e purificação. Passe então para o *chakra* do sacro, repita o processo e continue até terminar com o *chakra* da coroa.

Esse ritual é um método incrivelmente eficaz para liberar pensamentos e emoções negativas que há muitos anos bloqueiam a sua psique. Às vezes, parece que uma carga pesada está se soltando da alma e você consegue se sentir tão leve quanto o ar. Você pode repetir este exercício sempre que sentir necessidade.

Caminhos do Movimento, da Voz e das Lágrimas

A alma não teria arco-íris, se os olhos não tivessem lágrimas

John Vance Cheney

Por causa da nossa dor, a maioria de nós passa um tempo considerável "fora" do corpo. Nós nos tornamos mais observadores do que participantes. Se quisermos curar nosso coração, temos que aprender a ficar presentes dentro do nosso corpo.

A melhor forma de fazer isso é praticar algum tipo de exercício físico. O exercício nos ensina a fazer uma ligação entre o movimento do nosso corpo e os nossos sentimentos. Ouça a sua voz interior. Ela é a chave de como nos vemos e de como encaramos nossos relacionamentos. Ficar com a mente e o corpo em forma nos ajuda a curar nosso coração, e faz com que nos sintamos melhor com a nossa aparência.

O canto rítmico

Cantar nos ajuda a nos livrar dos lixos emocionais. O som é uma vibração que libera tudo que não precisamos deixar dentro de nós. Portanto, é uma forma poderosa de curar o coração. Uma das canções mais antigas chama-se "Hu" e é usada para abrir o coração e deixar que o fluxo do amor universal pulse dentro do corpo vivo. "Hu" nos abre para que procuremos a sabedoria e a força que reside no fundo de todos nós.

O alívio das lágrimas

Quando a dor do medo de amar nos atinge, devemos procurar um lugar onde possamos estar a sós. Às vezes, precisamos dar vazão às lágrimas, o que elimina a dor de todo o corpo. Enquanto você fala sobre a sua dor, segure algo macio, como um travesseiro, por exemplo, e nine-o como se ele fosse um bebê. Isso dá uma sensação de segurança. O travesseiro torna-se sua criança interior, que precisa de alento. A dor pode ser tão aguda que você talvez necessite deitar-se na posição fetal e abraçar o travesseiro.

Deixando a luz entrar

Sua dor pode estar encravada no peito desde a infância e, por isso, levar muito tempo para desaparecer, mas, cada vez que chora bastante, você se livra do desespero. Sempre há uma causa original para a sua dor, e esta pode ser a hora de descobrir qual é ela. Peça esclarecimento à sua fonte interior e então abra o coração para receber a mensagem. Uma vez que essas percepções tenham aberto a porta para o amor por nós mesmos, seremos capazes de amar os outros livremente.

Ritual: Para Livrar-se de Emoções Negativas

As emoções negativas às vezes podem ser liberadas quando, literalmente, nós as expiramos.

A respiração é a chave para liberar emoções reprimidas. Se você sentir que precisa fazer isso, procure um local seguro onde possa perceber seus sentimentos. Acenda uma vela cor-de-rosa para cura e segure algo macio de encontro ao peito, como, por exemplo, um travesseiro ou um ursinho de pelúcia. Deixe que seu corpo relaxe e depois expire lentamente, fazendo com que seus sentimentos saiam junto com a respiração. Inspire o ar para dentro da boca do estômago e novamente expire. Continue fazendo isso até que se sinta bem, interiormente. Às vezes isso é suficiente, outras vezes precisamos pedir auxílio. Lembre-se apenas de que todos estamos nisso juntos e que estar com alguém que possa nos assistir durante uma ocasião como essa pode ser muito benéfico.

PARTE DOIS

Caminhos da Magia

Decidir-te-ás por um projeto e realizar-se-á,
e a luz brilhará em teu caminho.

Jó 22:28

A magia está presente em cada dia da nossa vida. Ela está oculta naqueles momentos especiais, quando nos sentimos em paz com nós mesmos, nos encontros oportunos com pessoas que tocam profundamente nosso coração, nos sonhos que nos dão orientação e inspiração e na beleza da natureza que nos cerca. Temos somente que nos lembrar de que também somos parte dessa magia, e que podemos optar por dançar dentro dela a qualquer momento.

Incorporando o mundo natural

Podemos criar nossa própria magia concentrando nosso pensamento. Isso não é nenhuma novidade. Nossos antepassados praticaram a arte da magia por milhares e milhares de anos. Eles sabiam que eram parte do mundo natural, um mundo que os amparava, acalentava e supria em todos os aspectos da vida. Eles incorporaram o mundo natural em seus rituais a fim de realçar seus poderes e abrir as cortinas entre os mundos visível e invisível. Seus guias espirituais, totens de animais e antepassados falecidos tinham um papel tão importante quanto a realidade que viviam. Tudo era parte de todo lugar e todo lugar estava em tudo.

Os mundos visível e invisível eram unidos, nos rituais do passado.

Os rituais antigos podem dar passagem para um reino mágico que muitos esqueceram há muito tempo.

A importância dos encantamentos e do ritual

Hoje, a maioria de nós não apenas perdeu esse precioso contato com a vida além do véu, mas também com o próprio coração da magia. Isso é somado à nossa confusão sobre quem e o que somos. Entretanto, aprendendo a usar o ritual, podemos começar a dar espaço para que nossa própria luz interior brilhe uma vez mais. O ritual nos concede tempo para nos voltarmos para o nosso eu interior, para desanuviar a mente e para concentrar o pensamento. Incorporando os elementos naturais no nosso trabalho interior, tanto do ponto de vista simbólico quanto prático, podemos mais uma vez nos tornar parte do mundo natural. Os encantamentos de amor apresentados a seguir foram criados para atrair todos os domínios mágicos a fim de abrir suavemente nosso coração através da reflexão, da meditação ou da oração. As cartas que os acompanham servem para nos lembrar de que somos todos uma parte dessa incrível existência mágica chamada vida. E de que existe muito mais do que possamos imaginar.

Caminhos do Mundo Natural

Certas cores, números mágicos, dias da semana e ervas e flores podem dar mais força ao seu encantamento. Estas listas mostram as associações desses vários elementos.

Números

Dois: o número da Lua e da dualidade
Três: o número da expansão, que impulsiona as coisas para a frente
Seis: o número do amor, que reafirma o que você possui
Sete: o número do amor espiritual e da cura
Nove: o número da luxúria, do poder sexual

Cores

Rosa: para o amor romântico
Vermelho: para a paixão
Branco: para a pureza
Amarelo: para a amizade
Azul: para curar o coração

Dias da semana

Segunda: para a magia da Lua, para um relacionamento íntimo
Terça: para a magia do sexo
Quarta: para melhorar a comunicação em um relacionamento
Quinta: para trabalhar com a verdade
Sexta: para tornar mais fortes todos os rituais de amor
Sábado: para afirmar seus objetivos
Domingo: para rituais de cura do coração

Fases da Lua

Lua nova: para concentrar seus pensamentos no tipo de amor que deseja atrair

Lua crescente: para atrair o amor

Lua cheia: para fortalecer o amor que você já tem, para exaltar o amor

Lua minguante: para se desapegar de um amor, para liberar padrões negativos, etc.

Cristais

Quartzo rosa: intensifica todas as formas de amor

Ametista: para a nobreza no amor

Kunzita: para abrir o coração

Coral vermelho: para o amor romântico

Diamante: para unir o amor

Pedra-da-lua: para a felicidade; essa pedra é sagrada para a deusa

Cristais gêmeos: para atrair uma alma gêmea

Turmalina rosa: para entrar em sintonia com o amor

Ervas e flores

Manjericão: para atrair o amor

Camomila: para acalmar o coração

Cravo-da-índia: para atrair um companheiro

Coriandro: para aumentar o ardor

Endro: para tornar a pessoa irresistível

Gengibre: para avivar o fogo da paixão

Manjerona: para aumentar a potência

Alecrim: para promover a fidelidade

Tomilho: para ter coragem

Rosa: para incentivar a delicadeza

Áster: para concretizar desejos de amor

Margarida: para atrair paixão

Jasmim: para o amor espiritual

Prímula: para atrair amor

Alfazema: para incentivar a honestidade

Tulipa: para resolver uma desavença
Cravo: para fortalecer o amor

Óleos

Patchuli: para estimular a sensualidade
Canela: para aumentar a vibração do amor
Sândalo: para curar o coração
Rosa: para o amor puro
Jasmim: para atrair um amor espiritual mais elevado
Ylang-Ylang: para a sedução

Não caia na armadilha de entregar seu poder a esses elementos. É o pensamento que dá força à magia, e, com freqüência, o encantamento mais simples é o mais eficaz. Às vezes, pode ser mais conveniente usar itens de todas as categorias acima; outras vezes, é melhor não usar nenhum. Siga sua orientação interior quanto ao dia certo de realizar seu encantamento. Basta a sua intenção para a magia funcionar. Lembre-se de que a magia pode fazer efeito das formas mais curiosas, e nas ocasiões menos esperadas.

A magia das ervas

A natureza ressoa com a magia. As flores e as ervas têm qualidades específicas que podem ser usadas como parte da sua magia. Você pode fazer sua própria magia com ervas selecionando algumas ervas e flores de acordo com o que você quer criar em sua vida. Você também pode usar uma combinação de dois, três ou seis itens, se quiser trabalhar com a magia dos números. Lembre-se de juntar um bom punhado de sal para ligar os ingredientes e também um fixador como raiz de lírio-florentino ou benjoim. As ervas também absorvem óleos essenciais que você pode utilizar para acrescentar ao perfume. Você pode usar um *pot-pourri* de flores e ervas para decorar seu altar ou para oferecer à deusa, espalhando o mesmo sobre a água ou pelo chão.

A Criação de um Espaço Sagrado

É muito importante que você respeite qualquer ritual que se proponha a fazer. A criação de um encantamento ou ritual abre os canais para o seu eu superior; significa que você leva a sério a sua intenção. Portanto, não o faça de forma superficial. Quando você realiza um encantamento ou ritual, sua vida começa a mudar, por isso, é importante assumir a responsabilidade pelo que está fazendo.

Aviso

A primeira lei da magia é lembrar-se de que você deve fazer seu ritual por seu propósito mais elevado e o propósito mais elevado daqueles que estão ao seu redor. Manipular outras pessoas contra a vontade delas, por qualquer razão que seja, trará graves conseqüências kármicas para você. *Portanto, nunca peça para que uma pessoa em especial entre em sua vida.* Deixe que o Universo crie suas relações amorosas a seu próprio tempo e ritmo. Dessa forma, você terá certeza de atrair exatamente quem você precisa, no momento certo para ajudá-lo a aprender como amar mais a si mesmo verdadeiramente.

A Escolha da Hora Certa

De acordo com a tradição, os encantamentos e rituais de amor são realizados às sextas-feiras à noite (a sexta-feira é dedicada à deusa Vênus), durante a Lua crescente, antes de ela ficar cheia. Contudo, se você estiver fazendo um ritual para se desapegar de um amor antigo, ou para liberar algumas lembranças antigas, faça-o durante a fase minguante da Lua, após ela ter estado cheia. Não é absolutamente necessário esperar esses períodos do mês ou esse dia da semana, mas isso acrescenta seriedade à sua intenção. No entanto, se você seguir seus próprios horários, confiante de que sua orientação interior fará com que você instintivamente saiba o dia e a hora certos para fazer seu encantamento, sem dúvida tudo dará certo.

Preparações cuidadosas devem ser feitas antes de se realizar qualquer ritual ou encantamento.

A Criação de um Altar

Pode-se erigir um altar em qualquer lugar que você ache confortável — ou no chão ou sobre uma mesa. Muitas pessoas gostam de colocar o altar de frente para o norte, o lugar da manifestação; outras o colocam de frente para o leste, porque essa é a direção do sol nascente. Depende muito de você. Limpe totalmente a área do altar e, se apropriado, coloque uma toalha de mesa limpa sobre ele. Mais uma vez, quero ressaltar que não é essencial, mas beneficia o ritual, pois faz com que você concentre sua atenção e tenha uma idéia mais clara do que está fazendo.

Quatro Direções e Quatro Elementos

A magia abrange as quatro direções e os quatro elementos: terra, ar, fogo e água. Você pode fazer uma oferenda a eles colocando flores ao norte para representar a terra, queimando incenso ao leste para representar o ar, acendendo uma vela ao sul para representar o fogo e deixando uma vasilha de água fresca a oeste para representar a água, dentro da qual você pode colocar algumas ervas. No centro do altar, você pode colocar qualquer objeto sagrado que você sinta que pode ajudar no ritual.

Preparação

Certifique-se de que você não será incomodado; interrupções dissipam a energia, por isso, desligue o telefone e outras coisas do tipo que possam repentinamente levar tudo a perder. Em seguida, amenize a luz do aposento e procure ficar confortável e relaxado. Ouça uma música de fundo bem calma. Faça seu ritual seguindo algum sugerido neste livro ou adaptando algum que sirva para você. Se quiser, sorteie uma das cartas-talismãs para ter mais orientação.

Você pode, se preferir, cantar por alguns momentos e, se estiver com um grupo de amigos, ficar de mãos dadas para gerar energia entre vocês. Imagine a energia se transformando em uma bola de luz e deixe que a luz flutue para o Universo e transforme-se numa força para curar o mundo. Você pode também querer ficar em silêncio por um instante, apreciando o aroma do incenso e a atmosfera de paz que criou ao seu redor.

Sentindo-se Pleno

Quando se sentir pleno, reserve alguns momentos para agradecer aos seus anjos da guarda, agradecer às energias dos quatro elementos e das quatro direções. Enquanto faz isso, dê graças também pelo amor que recebeu. Embora você possa desfazer o altar agora, é importante deixar a vela queimar completamente. Por isso certifique-se de que ela esteja em um local seguro e longe de qualquer coisa que possa pegar fogo.

Encantamento: Para Encontrar um Novo Amor

Faça este encantamento numa sexta-feira à noite durante a fase da Lua crescente. Unte seis velas cor-de-rosa com seis gotas de azeite contendo gerânio cor-de-rosa e coloque-as em círculo sobre o altar. Coloque um galho fresco de manjericão num vaso com água como oferenda para Afrodite. Acenda cada uma das velas e algum incenso, que pode ser feito de uma combinação de alecrim, sálvia e cravo-da-índia. Enquanto faz isso, você deve repetir este encantamento três vezes:

Amor, eu lhe ordeno que venha.
Venha com as marés da Lua.
Que assim seja.

Um encantamento para encontrar um novo amor nunca deve especificar uma pessoa em particular, mas pense cuidadosamente sobre as qualidades que você está procurando.

Usando tinta azul, escreva todas as qualidades que deseja em um companheiro. Seja realmente claro a esse respeito e use o tempo que for necessário. Quando tiver feito isso, dobre o papel e enterre-o na base de um vaso de manjericão que você deverá colocar, se possível, no canto extremo direito da sua casa (com relação à porta da frente). Essa é a área dos relacionamentos. Se esse local não for adequado, coloque o vaso sobre uma prateleira onde bata sol e a planta possa crescer e florescer. Deixe as seis velas queimarem completamente para mostrar seu constante compromisso. Jogue as folhas de manjericão, a água e as cinzas do incenso fora, espalhando-as pelo chão, enquanto agradece à deusa por testemunhar seu desejo de ter um amor.

Cuide bem da sua planta do amor, como se ela fosse o seu relacionamento. À medida que ela floresce, florescerão seus relacionamentos.

Encantamento: Para Celebrar um Novo Amor

Realize este ritual de agradecimento na noite de Lua cheia. Pegue algumas pétalas de rosas frescas e espalhe-as em uma vasilha com água. Acenda duas velas brancas untadas com três gotas de óleo essencial de canela.

Segure um quartzo rosa na mão esquerda e dê poder a ele com seus pensamentos especiais de gratidão. Evoque o poder dos seus guias e anjos para que eles testemunhem o que você está fazendo. Quando sentir que o ritual está concluído, coloque o quartzo dentro da vasilha com água e pétalas de rosas e deixe-o ali até a Lua cheia seguinte, dotando-o de quanto poder você quiser durante esse período. Encontre então uma macieira e enterre o cristal e as pétalas de rosa em sua base. Ao fazer isso, agradeça aos seus guias e anjos por todas as bênçãos da sua vida.

Encantamento: Para Esquecer um Amor

É melhor realizar este ritual durante a fase minguante da Lua, embora ele possa ser feito em qualquer dia da semana.

Acenda uma vela azul e um incenso. Feche os olhos e mentalize a pessoa que você quer esquecer. Coloque a mão sobre o coração dessa pessoa e diga a ela que você dispõe-se a deixá-la ir embora com amor e em paz. Peça auxílio aos guias e anjos dela para que a levem para seu bem maior. Observe-os partir e, se houver cordões éticos que precisem ser cortados, corte-os. Cerque-se de luz branca para finalmente se separar dessa pessoa. Abra os olhos e escreva o nome da pessoa em um pedaço de papel. Anote também quaisquer sentimentos que você tenha pela pessoa. Quando se sentir pleno, acenda o papel na chama da vela dizendo o seguinte encantamento:

(nome da pessoa)
Eu o liberto com o meu amor.
Desejo que você vá em paz.
Que assim seja.

Enterre as cinzas e a ponta da vela na terra ou jogue-as em água corrente dizendo o mesmo encantamento.

Você pode repetir esse ritual quantas vezes achar necessário, para desatar os laços do amor.

Peça ajuda aos anjos da pessoa que você está libertando.
Eles a levarão embora com amor.

Encantamento: Para Começar de Novo

Faça este encantamento de preferência numa noite de sábado, durante a Lua nova. Acenda uma vela branca que pode ser untada com sete gotas de óleo essencial de gerânio cor-de-rosa. Você pode acender incenso de olíbano para aumentar ainda mais a sua percepção.

Reserve alguns momentos para pensar sobre o que você está querendo criar em sua vida deste momento em diante. Você pode tanto fazer uma montagem, cortando fotos e manchetes de revistas e jornais, quanto pode pintar um quadro ou escrever sobre o que está buscando. Faça isso de fato com calma, pois enquanto está se concentrando, você está dando força ao seu desejo. Mantenha o que você criou em um local onde ele possa lembrá-lo continuamente do que você deseja. Você talvez sinta que essa é uma hora apropriada para se livrar de roupas velhas, cartas ou lembranças que já não combinem com a maneira como você encara sua nova vida.

Você pode também plantar sementes de flores numa floreira ou num vaso, e, à medida que elas florescerem, tornar-se-ão o símbolo da sua nova vida. Cuide delas como gostaria que as pessoas cuidassem carinhosamente de você.

O broto que cresce das sementes
que você plantou simbolizará os novos começos que
este encantamento pode criar.

Como Usar as Cartas-talismãs do Amor

Os talismãs têm sido usados ao longo da história para atrair o amor, por representarem um foco positivo para o desejo que você quer manifestar.

A magia do treze e do quatro

São treze as cartas-talismãs do amor. O número treze simboliza as treze Luas do calendário pagão, e é representado pela letra M do alfabeto. Esta letra une os elementos masculino e feminino, enraizando-os firmemente no plano físico. Em termos numerológicos, o treze soma quatro (um mais três). Quatro é o número da Terra, representado pelo quadrado divino que dá forma à vida. Portanto, o quatro manifesta a estrutura e a disciplina no plano físico. O amor necessita dessas qualidades a fim de se desenvolver e crescer, pois, sem elas, ele se torna indefinido e inatingível.

Disciplina e paciência

Para sermos peritos na arte de amar, precisamos ter disciplina; só assim nos libertamos de velhos padrões destrutivos e nos empenhamos em cuidar do nosso coração ferido. A regra de ouro do amor é sempre deixar que ele venha até você. Quando sua alma está pronta para recebê-lo, nada pode mantê-lo afastado. Portanto, nunca force uma situação a se manifestar apenas porque você está se sentindo só. Assim você poderia estar indo contra o desejo da sua alma de se curar, e isso poderia levá-lo a todo tipo de dificuldades. Portanto, esteja prevenido.

Orientação e encantamentos

As imagens das treze cartas-talismãs representam todos os elementos do mundo natural usados para se fazer magia. Cada carta traz também uma "orientação" para lembrá-lo de como melhorar a qualidade do amor em sua vida. A seguinte interpretação o ajudará a compreender quaisquer bloqueios para os quais você tenha que se voltar a fim de poder atrair o que for verdadeiramente para seu bem maior. No final, há um "encantamento mágico" para você repetir sempre que possível, para fortalecer seus pensamentos positivos de amor.

Como usar as cartas

Há duas formas de usar as cartas-talismãs do amor: para adivinhação e para seleção pessoal. Se se tratar da primeira opção, espalhe as cartas com as figuras para baixo. Pare por alguns instantes e peça orientação ao seu eu superior; então selecione uma e vire-a. O elemento escolhido é o reflexo atual subconsciente da sua maneira de ver o amor. Ele tornou-se também seu amuleto de cura. Pare alguns momentos para absorver sua imagem, observar o que vem à sua mente e como você reage a isso. Para seleção pessoal, coloque as cartas com as figuras para cima. Peça orientação ao seu eu superior e selecione aquela que mais lhe agradar.

A magia do amor falando com você

Antes de começar, coloque a carta escolhida no centro do altar, sobre a toalha. Agora você pode escolher entre ler a interpretação do livro ou buscar sua própria interpretação, meditando durante o ritual. Se optar por ler a interpretação, observe a sua reação. Resistência pode significar que é hora de colocar seu ego de lado e trabalhar nele. Lembre-se de que foi você quem o afastou.

Mantenha sua carta-talismã no altar pelos próximos três dias e noites, e repita o encantamento mágico sempre que se lembrar. Na terceira noite, coloque a carta de volta no baralho. Sua carta-talismã poderá também trabalhar com você de formas incomuns: por meio de

As cartas-talismãs que você selecionar refletirão seus sentimentos a respeito do amor na ocasião.

sonhos ou estranhas coincidências. Tome nota do que acontece e sinta prazer com isso, pois isso é a magia do amor chamando por você.

À procura do Santo Graal

A procura do amor pode intimidar. Contudo, as recompensas são muito mais importantes do que as dúvidas. E a única maneira de se começar é olhando para dentro do nosso coração, pois é aí que encontramos a chave dourada, o Santo Graal, o elixir da vida. Espero que você goste de usar as cartas-talismãs do amor, como uma chave para suas reflexões, tanto quanto eu gostei de criá-las. Desejo também que Deus abençoe sua jornada.

As Cartas e seus Significados

PRIMEIRA CARTA

AFRODITE ✶ PODER

ORIENTAÇÃO DO DOMÍNIO DA DIVINDADE: CONFIAR NO PROCESSO DO AMOR

Afrodite, deusa do amor! Se você tirou essa carta, isso indica que o mundo está a seus pés, pois ela mostra que finalmente você tem o poder de manifestar seus sonhos. Você pode ter qualquer coisa que desejar, contanto que, é claro, seja para seu bem maior e para o bem maior daqueles que o cercam.

A carta de Afrodite é também um presságio do amor verdadeiro. É hora de se alegrar, pois muitos de nós têm que esperar anos até encontrá-lo. O amor verdadeiro com freqüência nos escapa porque temos de passar por várias experiências kármicas a fim de curar nosso coração e aprender o perdão. Durante esse período, com freqüência vivemos vários relacionamentos co-dependentes, abusivos ou viciosos que nos causam dor e decepção. Entretanto, tão logo percebemos o que estamos fazendo a nós mesmos, conseguimos finalmente colocar um ponto final nisso de uma vez por todas. Afrodite observa e espera e, uma vez que estejamos prontos, ela nos concede a maçã mais doce de todas. É o presente de celebração que recebemos dos deuses e deusas.

Tão logo estejamos livres para atrair um relacionamento baseado no respeito mútuo, no companheirismo, na aceitação incondicional e na confiança, a estrada se pavimenta de ouro e oferece mais tesouros do que qualquer um dos dois possa imaginar. Portanto, agradeça a si mesmo — você deu chance para que o amor batesse à sua porta. Peça a Afrodite para ajudá-lo a cair de bom grado nos braços do verdadeiro amor.

A carta de Afrodite, deusa do amor

Se Afrodite entrar na sua vida, você em breve encontrará seu verdadeiro amor

Assim que aprender a reconhecer relacionamentos destrutivos, você passa a ter o poder de curar a si mesmo

ENCANTAMENTO MÁGICO

✶ ✶ ✶ ✶ ✶ ✶ ✶ ✶ ✶ ✶ ✶

Eu de bom grado me rendo ao poder do
amor verdadeiro.
Abro meus braços para receber suas bênçãos.

SEGUNDA CARTA

LIBRA ✶ EQUILÍBRIO

ORIENTAÇÃO DA INFLUÊNCIA ASTROLÓGICA: ESTABELECER LIMITES

O Sol entrando em Libra marca o período do equinócio do outono, quando as horas do dia e da noite são iguais e, portanto, em perfeito equilíbrio no mundo inteiro. O sétimo signo do zodíaco, Libra, também governa a casa do companheirismo e do casamento. Ele é simbolizado pelos pratos da balança da justiça e do equilíbrio, e representado pela pomba da paz.

Se você escolheu a carta de Libra, é hora de ouvir o desejo do seu coração, evocando a harmonia e o equilíbrio, para que eles sejam restabelecidos em sua vida. Também é a oportunidade perfeita para dar uma olhada em todos os relacionamentos que estabeleceu. Você permite que eles sejam enriquecedores e benéficos ou você está continuamente à mercê dos problemas e das exigências dos outros — a despeito da sua própria voz interior gritando, "E eu?" Se você deixar que isso saia do seu controle, sua vida ficará cercada de ressentimento, culpa e injustiça.

A carta de Libra significa que você tem de parar de ser capacho emocional de todo o mundo. Lembre-se: a alma iluminada tanto se deixa dar quanto receber. Convide a equilibradora energia de paz de Libra para entrar no seu coração a fim de que possa ver todos os seus relacionamentos de uma perspectiva mais ampla. Isso também lhe dará coragem para dizer um gentil, contudo firme "Não", quando você quiser tempo para si mesmo. Então estenda as mãos e deixe que as dádivas da vida fluam na sua direção.

Libra, a carta do equilíbrio e da harmonia

Olhando com novos olhos para os seus relacionamentos, você verá se vive a disposição dos outros

Dedique-se à tarefa de atrair harmonia e equilíbrio para sua vida

ENCANTAMENTO MÁGICO

✶ ✶ ✶ ✶ ✶ ✶ ✶ ✶ ✶ ✶ ✶

Evoco a energia de Libra para me ajudar a
conseguir equilíbrio e harmonia em todos os
meus relacionamentos. De bom grado
eu recebo tanto quanto dou.

TERCEIRA CARTA

Vênus ✶ Amor Divino

ORIENTAÇÃO DA ENERGIA PLANETÁRIA: ABANDONAR VELHOS PADRÕES

O planeta Vênus é a estrela brilhante da manhã ou a primeira estrela do crepúsculo, que às vezes pode ser vista nitidamente da Terra. O planeta foi chamado de Vênus devido à deusa romana do amor, porque se dizia que a energia dela aumentava a libido, quando aparecia nas primeiras horas da manhã. O símbolo de Vênus é representado pelo círculo do espírito se elevando acima de assuntos terrenos, para curar a alma através do amor divino.

Tirar a carta de Vênus pode significar que você se tornou cínico com respeito ao amor. Existe uma tendência para confundir relacionamentos baseados no sexo com o estado de "estar apaixonado?". Talvez você seja atraído para relacionamentos com pessoas comprometidas, viva um amor não-correspondido ou costume estabelecer relacionamentos do tipo "ame-os e deixe-os".

A verdade é que você fechou seu coração. Seus relacionamentos atuam meramente como um espelho, refletindo de volta seu estado de ser. Esta é a oportunidade perfeita de iniciar sua cura; de identificar padrões negativos de relacionamento quando eles surgem e aprender a dizer "não" a eles. Tão logo você assumir a responsabilidade pelas suas ações, a sua auto-estima melhorará muito, seu coração se abrirá e seus relacionamentos terão um novo significado

O movimento de Vênus no céu serve como um lembrete constante de que o amor nunca nos abandona; tão logo pensemos que não o veremos nunca mais, lá está ele — tão brilhante quanto sempre foi. Peça à energia de Vênus para que a luz desse astro brilhe em seu coração. Isso lhe mostrará o caminho adiante.

O planeta Vênus recebeu esse nome devido à deusa romana do amor

Tirar esta carta indica o perigo de confundir paixão sexual com amor verdadeiro

Abrir seu coração trará um novo sentido ao relacionamento

ENCANTAMENTO MÁGICO

* * * * * * * * * * *

Peço auxílio à energia de Vênus para me mostrar o caminho para o amor divino. Abro meu coração para receber o brilho dele.

QUARTA CARTA

O Cálice ✶ Plenitude

ORIENTAÇÃO DO ELEMENTO ESPIRITUAL: EXPRESSAR A SUA VERDADE

O cálice representa o santo graal; o verdadeiro graal que o Rei Artur e seus cavaleiros tão desesperadamente procuraram até os confins da Terra. Se você tirou a carta do cálice, é sua chance de localizar seu próprio santo graal, bem dentro do seu coração. Pois esse é o verdadeiro lugar de descanso desse cálice. O santo graal traz paz e tranqüilidade a todos aqueles que se dispõem a buscar a verdade e a virtude.

Portanto, é hora de olhar para dentro do seu coração e ouvir o que ele está realmente dizendo a você. Será que você não está passando por alguma situação um pouco indefinida ou obscura? Ou talvez você não queira ouvir a verdade sobre um relacionamento por medo de perder o que tem. Qualquer que seja a circunstância, o único caminho possível é abrir o coração para a sua sabedoria interior e para o seu amor.

Assim que tiver reconhecido a verdade, você poderá dar um passo rumo à plenitude. A plenitude é um estado de ser ao qual nossa alma aspira. Todo relacionamento que travamos é um outro passo nessa direção, pois cada pessoa com a qual nos relacionamos torna-se o reflexo de quem realmente somos. Como isso expõe nossas fraquezas, bem como nossas forças, podemos sofrer muito até que aprendamos a assumir a responsabilidade por todas as nossas ações, pensamentos e realizações.

Agradeça ao cálice por se apresentar a você. Harmonize-se com a energia dele e o seu espírito cantará. A verdade é a única forma de alcançar o nosso próprio santo graal.

O cálice, a carta do santo graal do Rei Artur

Aqueles que buscam o santo graal dentro de si mesmos conhecerão a plenitude

Reconheça a verdade dos seus relacionamentos, por mais difícil que isso seja, e siga em frente

ENCANTAMENTO MÁGICO

✶ ✶ ✶ ✶ ✶ ✶ ✶ ✶ ✶ ✶ ✶

Sei que o cálice que existe no meu coração contém tudo o que é preciso para que eu possa seguir o caminho da verdade. Minha verdade é a chave para a minha plenitude.

QUINTA CARTA

Mãos em Prece ✶ Paz

ORIENTAÇÃO DO ELEMENTO MENTAL: CESSAR A BUSCA

A alma está constantemente procurando maneiras de ficar em paz. A paz nos permite apreciar a beleza da terra: o canto dos pássaros, o zumbido das abelhas, o som do vento através das árvores. Ela também nos encoraja a nos libertar das exaustivas batalhas do ego, e nos livra da armadilha de ficarmos cegos pelo glamour ilusório.

Se você tirou a carta da paz, é hora de fazer uma pausa. Costumamos achar que temos que sair mundo afora e procurar desesperadamente pelo que achamos que queremos. A verdade é que pessoas desesperadas atraem outras pessoas desesperadas. E isso leva a situações desesperadas, desilusões inevitáveis e corações partidos. O Universo nos dá tudo de que necessitamos. Às vezes não convém ter um relacionamento amoroso porque nossa alma precisa aprender a ficar sozinha. Se lutamos contra isso, nossa solidão, desolação e desapontamento serão maiores. Não podemos iniciar um relacionamento a não ser que a nossa alma esteja pronta para ele.

Este é o momento perfeito para você se voltar para dentro e encontrar uma forma de proporcionar alguma paz a si mesmo. Entregue-se à vontade dos céus e sem dúvida ela se tornará a sua. A paz é o maior prêmio para qualquer ser humano. Portanto, pare de procurar e comece a encontrar. Isso pode ser difícil no início. Qualquer hábito vicioso é difícil de romper. Mas em pouco tempo você poderá se surpreender com as mudanças positivas que fará em sua vida e nos relacionamentos futuros.

ENCANTAMENTO MÁGICO

✶ ✶ ✶ ✶ ✶ ✶ ✶ ✶ ✶ ✶ ✶

Eu abro o meu coração para receber a paz e a compreensão. Eu me rendo às verdadeiras necessidades da minha alma.

SEXTA CARTA

O Coração Partido ✶ Mágoa

ORIENTAÇÃO DO ELEMENTO EMOCIONAL: ENCARAR A SUA MÁGOA

Se escolheu a carta da mágoa, você precisa parar um pouco para pensar em como ela afeta você.

Seu coração partido está lhe pedindo para que olhe para todos os seus relacionamentos do passado, desde a sua infância. É desses anos de formação que todos nós guardamos nossas mágoas mais profundas — aquelas que fazem com que nos sintamos menos do que somos. Isso nos causa sentimentos de isolamento e solidão, deixando-nos com muita freqüência quase incapazes de suprir até mesmo nossas necessidades básicas. Adotamos também padrões negativos de comportamento que afetam diretamente qualquer relacionamento que atraímos para nós. Até que aprendamos a assumir responsabilidade pela nossa mágoa, que é o único caminho para a liberdade, corremos o risco de atrair constantemente pessoas que estão igualmente magoadas e são autodestrutivas assim como nós.

É hora de se libertar da sua mágoa. Escreva uma carta para você mesmo sobre a sua infância e sobre todos os relacionamentos importantes (bons e ruins) que você atraiu. Perceba os padrões de comportamento que se repetiram nos vários relacionamentos que você teve durante a vida. Deixe que seu coração partido realmente fale a verdade dele. Explore os sentimentos que começam a vir à tona e, se ajudar, desenhe uma figura que represente esses sentimentos. Seja paciente e gentil consigo mesmo. Um coração partido precisa de tempo para sarar — e pode ser benéfico procurar a ajuda de um conselheiro ou de um terapeuta nessa hora.

A carta do coração partido ou da mágoa indica a necessidade de cuidarmos de nós mesmos

Assumir responsabilidade por nós mesmos é a única forma de progredir

O coração ferido pode ser curado se explorarmos profundamente nosso passado

ENCANTAMENTO MÁGICO

✶ ✶ ✶ ✶ ✶ ✶ ✶ ✶ ✶ ✶ ✶

Deste dia em diante eu atraio para mim apenas pessoas que podem me ajudar de forma carinhosa e gentil a curar a mágoa do meu coração partido.

SÉTIMA CARTA

O CORPO ✶ APARÊNCIA

ORIENTAÇÃO DO ELEMENTO FÍSICO: RECONHECER O VALOR DO SEU CORPO

O corpo é a morada do espírito durante sua encarnação na Terra. É importante lembrar que sem ele nenhum de nós seria capaz de existir neste plano físico. Nosso corpo tem um valor inestimável, pois é o veículo do qual podemos lançar um olhar de flerte sempre que quisermos, derramar lágrimas de tristeza para libertar nosso coração partido, pegar alguém gentilmente pela mão ou receber um carinhoso beijo sensual.

Se você tirou a carta do corpo, é hora de olhar longamente para o seu corpo pois esta é a sua carta de chamada para o mundo. A auto-estima aumenta ao se aprender a amar a própria aparência mesmo com alguns quilos a mais, com aquelas linhas ao redor dos olhos ou com uma deficiência física. Você é um ser magnífico seja lá como for, e é hora de sair pelo mundo e se mostrar! A não ser que você aprenda a aceitar sua forma física e aparência, será difícil deixar que os outros se aproximem e o amem.

Nos próximos dias, reserve alguns momentos para agradecer pelo trabalho magnífico que o seu corpo fez durante todo esse tempo. Isso já basta para que ele comece a lhe comunicar o que precisa para que você se sinta mais à vontade dentro dele. Aprenda a amá-lo fazendo exercícios regularmente e tomando cuidado com a alimentação. Dessa forma, seu corpo irá recompensá-lo nos anos futuros. Deixe seu espírito brilhar através do seu corpo em toda a sua glória, e você se surpreenderá ao ver que começará a atrair aqueles que de fato o admirarão e estimarão.

O corpo abriga o espírito durante o seu tempo na Terra

A carta do corpo nos lembra de como nosso corpo é precioso

Aprenda a cuidar do seu corpo e colha as recompensas

ENCANTAMENTO MÁGICO

✶ ✶ ✶ ✶ ✶ ✶ ✶ ✶ ✶ ✶ ✶

Eu celebro o meu corpo e amorosamente o aceito
como o presente mais precioso da minha vida.
Ele é o caminho perfeito por meio do qual
meu espírito pode brilhar.

OITAVA CARTA

O Golfinho ✶ Brincadeira

ORIENTAÇÃO DO REINO ANIMAL: DIVIRTA-SE UM POUCO

Tirar a carta do golfinho brincalhão é sinal de que é hora de se SOLTAR! Esta carta indica que seu desejo de controlar seus relacionamentos está acabando com a espontaneidade do verdadeiro amor — a vida está ficando séria demais.

Na verdade, nós impomos condições aos nossos relacionamentos porque temos medo de perder o que temos. Mas lembre-se, o amor não pode ser contido por algo ou alguém. Seu papel é o de simplesmente unir as pessoas a fim de que elas possam aprender certas lições umas com as outras, que lhes permitam evoluir para um plano mais elevado de entendimento e compaixão. Quem sabe quanto tempo um relacionamento pode durar? Isso não importa porque o amor vive segundo suas próprias regras, que ninguém pode controlar ou manipular. Se vocês pretendem ficar juntos, fique tranqüilo e seguro de que nada os irá separar. Do contrário, o amor irá desaparecer tão rapidamente quanto surgiu. Portanto, relaxe. Esqueça o futuro — um golfinho não pensaria nisso duas vezes.

Siga em frente. Arrisque-se e divirta-se um pouco. Jogue fora suas preocupações e precauções. Junte-se à dança do amor, que é tão livre quanto um golfinho nadando através dos mares, buscando alegres prazeres com seus companheiros.

Peça ao espírito dessas criaturas maravilhosas para ajudá-lo a encontrar sua magia. Deixe a espirituosidade espontânea entrar em seu coração e sinta a pura alegria de estar vivo. Entre nesse fluxo. Ninguém jamais sai perdendo por amar outra pessoa.

ENCANTAMENTO MÁGICO

✶ ✶ ✶ ✶ ✶ ✶ ✶ ✶ ✶ ✶ ✶

Eu peço ao espírito do golfinho mágico
para me mostrar meu caminho
através da alegria, do riso e da brincadeira.

NONA CARTA

A Rosa ✶ Valorização

ORIENTAÇÃO DO REINO DAS PLANTAS: TRATAR COM CARINHO AS LIÇÕES DE AMOR

A visão da beleza aveludada da rosa e o aroma da sua deliciosa fragrância nos enchem de alegria e paz. Contudo, ao estender a mão para pegá-la, temos também que estar cientes do dano que aqueles espinhos pontudos podem nos causar. A rosa é o lembrete simbólico da natureza de que o amor é uma mistura de beleza estonteante e encontros dolorosos. Pois sem esse equilíbrio, não conseguiríamos aprender a tratar com carinho aquilo que temos.

Se você tirou a carta da rosa, pare um momento para apreciar a delicadeza do amor; seus belos momentos e sensações extasiantes. Às vezes, é fácil esquecer o que temos quando estamos cercados pelas exigências severas do mundo moderno. Contudo, a não ser que zelemos constantemente pelo amor, ele simplesmente desaparecerá aos poucos. Tudo o que nos restará será um amontoado de pétalas murchas espalhadas ao vento.

Claro que a vida pode ser cheia de dificuldades e desafios, mas sem essas lições nós nunca cresceríamos e amadureceríamos. O amor nunca nos abandona. Nós apenas achamos que ele nos abandona. Portanto, esta é a hora perfeita para você enviar bons pensamentos para aquelas pessoas que o apoiaram e acalentaram, e agradecer a todos aqueles que lhe fizeram sofrer, pois eles é que são nossos maiores professores.

Não se engane, o amor está bem diante de você. Por isso, vá e encontre uma rosa num parque ou jardim, ou até mesmo compre um buquê para si mesmo. Não se apresse em apreciar e venerar a magia dessa flor, pois essa é a magia do seu próprio amor.

A rosa simboliza as lições de amor

O amor deve ser cultivado para sobreviver

Nós temos problemas para que possamos dar valor aos bons tempos

ENCANTAMENTO MÁGICO

✶ ✶ ✶ ✶ ✶ ✶ ✶ ✶ ✶ ✶ ✶

Com gratidão, eu trato e reconheço todas as lições de amor que eu encontrei durante toda a minha vida.

DÉCIMA CARTA

A Macieira em Flor ✶ Merecimento

ORIENTAÇÃO DO REINO DA ÁRVORE: SABER QUE VOCÊ É DIGNO DE AMOR

Às vezes, quando o amor bate à nossa porta, ficamos com tanto medo das implicações desse sentimento, que somos incapazes de abri-la. O medo é o maior inimigo do amor, pois ele fecha o coração e nos faz correr na direção oposta. Esse comportamento causa muita dor e confusão desnecessárias.

Se você escolheu a carta da macieira em flor, é hora de criar coragem. Para ajudá-lo, pense no ciclo milagroso da macieira. Na primavera, a beleza absoluta da flor enche o ar com um perfume delicado. Entretanto, a flor precisa abrir caminho para o milagre do fruto, proporcionando uma colheita abundante numa outra época do ano. O amor também leva tempo para florescer e amadurecer. Aprendemos com os nossos erros e é através dessas "batalhas" que começamos a superar nosso medo do amor — que é de fato baixa auto-estima disfarçada.

A macieira em flor está lhe dizendo que é perfeitamente correto dar uma mordida bem grande na maçã suculenta do amor. Não tenha medo; a polpa não está podre nem há um verme se retorcendo ali. É uma maçã cheia da doce suculência da natureza. Esta não é a hora de se fechar por medo do que o amor reserva para você. É tempo de fazer a colheita da sua vida. Reconheça serenamente seus medos e limitações sobre o amor que você impôs a si mesmo. Em seguida, liberte-os da mesma forma que a macieira liberta suas flores. O que restará serão os frutos suculentos do seu esforço.

A carta da macieira em flor ensina sobre o ciclo do amor

Assim como a flor dá lugar ao fruto, o amor leva tempo para amadurecer

Reconheça e liberte seus medos relacionados ao amor

ENCANTAMENTO MÁGICO

✶ ✶ ✶ ✶ ✶ ✶ ✶ ✶ ✶ ✶ ✶

Eu me disponho a me libertar dos medos de ser amado.
Eu aceito a colheita abundante do amor.

DÉCIMA PRIMEIRA CARTA

O Quartzo Rosa ✶ Apoio

ORIENTAÇÃO DO REINO MINERAL: SABER QUE VOCÊ É AMPARADO

O povo da pedra, como os índios norte-americanos se referem ao reino mineral, faziam parte da Terra muito antes de os seres humanos se tornarem seus habitantes. As pedras e os cristais possuem a sabedoria verdadeira das antigas tradições da natureza, e nunca deixam de nos dar seu apoio que vem diretamente do centro da Terra.

Se você tirou a carta do quartzo rosa, sinta-se mais forte por saber que o povo da pedra está aqui para ajudá-lo em suas necessidades. A solidão é um dos maiores testes que os seres humanos podem enfrentar, mas segurar um quartzo rosa na mão faz com que sintamos imediatamente uma sensação de bem-estar. A linda cor rosa e a textura sedosa dessa pedra se harmonizam com a energia do seu centro do coração, enviando ondas de amor e compaixão para você.

O quartzo rosa nutre o nosso espírito e se dissipa na escuridão. Portanto, se você está se sentindo como se estivesse abandonado numa ilha deserta, coloque uma dessas pedras extraordinárias sob o travesseiro. Enquanto você dorme, ela fará sua magia. Outra opção é colocá-la no bolso e segurá-la enquanto você se ocupa de suas tarefas: ela lhe dará toda a força e apoio de que você necessita.

Presenteie-se com uma dessas pedras especiais. E lembre-se sempre de que são as pedras e os cristais que escolhem com quem querem estar. Por isso, conforte-se em saber que a pedra certa se mostrará nitidamente a você. O espaço em que você vive automaticamente responderá com alegria por meio das energias que a pedra emana, e você em troca fará o mesmo.

ENCANTAMENTO MÁGICO

✶ ✶ ✶ ✶ ✶ ✶ ✶ ✶ ✶ ✶ ✶

Eu deixo que as energias do quartzo rosa amparem e acalentem meu coração. Eu me abro para a proteção do Universo.

DÉCIMA SEGUNDA CARTA

Os Antepassados ✶ Coragem

ORIENTAÇÃO DO DOMÍNIO MÍSTICO: REALIZAR O SEU SONHO

Você já se deu conta de que você é o resultado final de uma longa geração de pessoas que viveram ao longo da história? Pare um momento para pensar em quantos dos seus antepassados foram reunidos, alguns até de outros continentes e culturas, só para criar a sua centelha sagrada. E quem sabe como ou quando o plano divino para sua criação começou, ou como ele se realizará daqui para a frente, pois com o tempo todos seremos antepassados.

Se você tirou a carta dos antepassados, é hora de pensar que você pode ser indicado para interromper a linhagem da família. Isso é uma responsabilidade kármica dada a uma alma que tem coragem de encarnar num grupo familiar a fim de deter ou interromper padrões limitados de comportamento que passaram de geração a geração. Talvez você seja aquele que se liberta das obrigações familiares para viver segundo suas próprias regras. Ou talvez você esteja querendo explorar áreas em seus relacionamentos que poderiam provocar crítica ou represálias.

Crie coragem. Seus antepassados o apóiam seja lá como for. Eles sabiam o que estavam fazendo quando criaram você. Quanto mais você aceita quem realmente é, mais isso liberta seus antepassados para que eles se elevem aos planos astrais de expressão superior. Crie coragem sabendo que, embora você possa enfrentar desaprovação, seus antepassados estão aplaudindo durante a sua trajetória.

Reflita sobre a longa linhagem de antepassados que criou você

A carta dos antepassados lhe dá coragem para seguir adiante

Seu desenvolvimento terreno está diretamente ligado ao dos seus antepassados

ENCANTAMENTO MÁGICO

✶ ✶ ✶ ✶ ✶ ✶ ✶ ✶ ✶ ✶ ✶

Agradeço aos meus antepassados por me darem coragem para amar.

DÉCIMA TERCEIRA CARTA

O ANJO DA GUARDA ✶ ORIENTAÇÃO

ORIENTAÇÃO DO DOMÍNIO DOS ANJOS: CONFIAR NA SUA VOZ INTERIOR

Esta é uma carta muito especial, porque representa o portal para a sua sabedoria interior. Essa sabedoria é o seu anjo da guarda. Observe o espaço vazio da carta e, pouco a pouco, esvazie a sua mente. Evoque o seu anjo da guarda para que ele se apresente a você, e veja que aparência ele toma aos olhos da sua mente.

Você pode perguntar ao seu anjo da guarda qualquer coisa que sinta que precisa saber. Observe a orientação que lhe é dada. Você pode também pedir pelo seu próprio encantamento mágico, que poderá ser escrito no espaço da próxima página. Seu anjo sempre quer o melhor para você. Esse encontro com seu anjo da guarda poderá lhe proporcionar um grande amparo e conforto, e geralmente a vida nunca mais é a mesma.

Seu anjo da guarda vai tomar forma na sua mente

A carta do anjo da guarda pode guiá-lo rumo à sua sabedoria interior

Encontrar seu próprio anjo da guarda vai transformar a sua vida

ENCANTAMENTO MÁGICO

* * * * * * * * * * *

....

....

A DEUSA INTERIOR

Um Guia sobre os Eternos Mitos Femininos que Moldam nossas Vidas

Jennifer Barker Woolger e Roger J. Woolger

A idéia do feminino, há muito tempo suprimida pelas sociedades patriarcais e pelo Cristianismo, cumpriu um importante papel na mitologia e nas religiões antigas. A noção de que as deusas – como Atena, Afrodite, Deméter, Ártemis, Hera e Perséfone – simbolizam características encontradas individualmente nas mulheres está mais uma vez em voga. Os arquétipos das deusas validam as mulheres por aquilo que elas são e não por aquilo que a sociedade diz que elas deveriam ser. Como tal, as deusas são uma fonte de liberdade e de compreensão que pode ser contatada por qualquer mulher, não importando o caminho de vida que escolheu.

A Deusa Interior é um guia fascinante sobre as qualidades das deusas que vivem dentro de nós. Baseado numa pesquisa realizada pelos autores num período de dez anos sobre a psicologia da deusa, este livro é um exemplo fascinante de como aplicar essa abordagem dinâmica à sua vida, enriquecer o seu autoconhecimento, libertar-se de expectativas limitantes e orquestrar os pontos de mutação em sua vida ao compreender que tipo de deusa está mais predominante.

O mais importante é que os autores enfatizam a necessidade de harmonia entre as várias qualidades das deusas: permitir que uma deusa domine a personalidade é negar a riqueza que está disponível quando se tem todas as deusas em equilíbrio.

Maravilhosamente positivo e profundo em suas implicações, este é um livro que irá ajudar a posicionar o feminino em seu devido lugar na consciência atual e oferecer às mulheres e aos homens a oportunidade única de aprender mais a respeito do poder de transformarem a si mesmos.

EDITORA CULTRIX

CARTAS CIGANAS: A ESTRADA DA VIDA

O poder alquímico de transformar nossa vida pela percepção do mundo interior

Margarita Fasanella Martinez

Não há quem não sinta o fascínio exercido pelas lendas que cercam as origens do povo cigano e pela aura de mistério que envolve seu estilo de vida e seus costumes. Povo nômade, mais conhecido pela atividade a que se dedicam suas mulheres — a leitura das mãos e a cartomancia —, os ciganos despertam nas pessoas dois tipos opostos de reação: simpatia irrestrita ou um distanciamento cauteloso. No entanto, quando se trata de fazer previsões, não há quem não as respeite quando quem as faz é uma cigana.

Com a leitura do livro de Margarita Fasanella Martinez qualquer pessoa pode se iniciar na leitura das *Cartas Ciganas*, com grande probabilidade de acerto. A descrição muito clara dos símbolos e os modos de deitar as cartas permitem que o leitor cultive sua imaginação e intuição, possibilitando que veja os rumos que sua vida está tomando, ou poderá tomar, no que diz respeito a aspectos importantes, como o amor, a saúde, o dinheiro e todo tipo de oportunidades que signifiquem um passo à frente na conquista de um ideal.

Além de um texto bem cuidado, cuja leitura instrui e diverte, o livro vem acompanhado de um jogo de cartas absolutamente original, desenhado especialmente para esta edição por Amadeo Fasanella, artista plástico cujas atividades atualmente têm como centro a cidade de Madri, de onde se espalham por várias cidades da Europa, em cujos salões já expôs com destaque.

EDITORA PENSAMENTO

O TARÔ ZEN, DE OSHO

O JOGO TRANSCENDENTAL DO ZEN

Osho

O Tarô existe há milhares de anos, desde o antigo Egito, ou talvez até antes. A sua primeira utilização no Ocidente, de que se tem notícia, aconteceu na Idade Média. Nessa época, sua linguagem figurada foi usada como um código na transmissão dos ensinamentos das escolas de mistério medievais. Ao longo do tempo, o Tarô tem sido usado de muitas maneiras — como um instrumento para a predição do futuro, como um leve "jogo de salão", como uma maneira de reunir informação desconhecida, "oculta", a respeito de diversas situações, etc.

Além das 56 cartas dos Arcanos Menores, o Tarô contém mais 22 cartas, os Arcanos Maiores, que contam toda a história da viagem espiritual do Homem. A carta "O Mestre", que simboliza a transcendência, não é numerada. As cartas falam a respeito de uma viagem de autodescoberta que é absolutamente única para cada indivíduo, embora as verdades fundamentais a serem descobertas, independentemente de raça, sexo, classe social ou criação religiosa, sejam as mesmas.

O Tarô Zen, de Osho, definitivamente não é um Tarô tradicional, no sentido de lidar com predições. Trata-se antes de um jogo transcendental do Zen que espelha o momento presente, apresentando, sem concessões, o que existe aqui e agora, sem julgamento ou comparação. Este jogo é um chamado para o despertar, para sintonizar-se com a sensibilidade, a intuição, a compaixão, a receptividade, a coragem e a individualidade.

Essa ênfase na consciência é uma das muitas inovações em relação aos velhos sistemas e maneiras de pensar do Tarô, que logo saltará aos olhos dos usuários experientes, conforme comecem a trabalhar com o *Tarô Zen, de Osho*.

EDITORA CULTRIX

Mandala
A Arte do Conhecimento

Marco Winther e Fany Zatyrko

A mandala é um instrumento de meditação usado há séculos pelos povos orientais pela sua capacidade de representar as relações entre o ser humano e o Cosmos. A simples contemplação de uma mandala inspira serenidade, restabelece a ordem psíquica, estimula a criatividade e abre as portas do inconsciente, fazendo emergir símbolos, arquétipos coletivos e o ser verdadeiro que está dentro de nós.

Tocados pela magia desse círculo ancestral, os artistas plásticos Marco Winther e Fany Zatyrko investiram uma nova energia em seu trabalho, integrando-o ao misticismo e direcionando-o à evolução individual. Em *Mandala: A Arte do Conhecimento*, eles apresentam 27 mandalas em forma de baralho, verdadeiras obras de arte criadas com base em estudos de numerologia, tarô, cartomancia, angeologia e horóscopo asteca, chinês e egípcio.

Esses recursos, aliados à intuição dos artistas, ajudam a captar a energia individual de cada mandala, que servirá de fonte de contemplação para reequilibrar fluxos energéticos, estabelecer contato com as forças do Invisível e proporcionar autoconhecimento.

O Baralho das Mandalas vem acompanhado com a interpretação de cada mandala, dos símbolos que a compõem e da mensagem que ela traz para o consulente. Integrando arte, magia e psicologia, as mandalas são verdadeiros "retratos energéticos" da pessoa focalizada.

NUMEROLOGIA

para o amor e os relacionamentos

Sonia Ducie

Numerologia para o Amor e os Relacionamentos **revela:**

Como descobrir – no seu mapa, e nos mapas das outras pessoas — os Números da Personalidade, do Caminho da Vida, do Ano Pessoal, do Carma e da Meta Principal.

A influência que os números exercem sobre você e sobre seus relacionamentos, em todos os níveis.

A influência dos números e os desafios que eles representam no contexto dos relacionamentos e sua relação com a personalidade de cada um.

Como descobrir os Números da Comparação de cada relacionamento e o que significam esses números.

Por mais variados que sejam os relacionamentos, todas as ligações entre duas pessoas estão sujeitas à influência mágica dos números.

Numerologia para o Amor e os Relacionamentos explica os poderes latentes dos números e a relação que eles têm com a personalidade de cada um. Descubra como fazer seu mapa numerológico e, depois, compare-o com o mapa das pessoas que são importantes para você: o namorado, os amigos, os colegas de trabalho, os parentes.

A numerologia é divertida e muito esclarecedora.

EDITORA PENSAMENTO

O Golfinho ✶ Brincadeira

ORIENTAÇÃO DO REINO ANIMAL:
DIVIRTA-SE UM POUCO

A Rosa ★ Valorização

ORIENTAÇÃO DO REINO DAS PLANTAS:
TRATAR COM CARINHO AS LIÇÕES DE AMOR

A MACIEIRA EM FLOR ✶
MERECIMENTO

ORIENTAÇÃO DO REINO DA ÁRVORE:
SABER QUE VOCÊ É DIGNO DE AMOR

O QUARTZO ROSA ✶ APOIO

ORIENTAÇÃO DO REINO MINERAL:
SABER QUE VOCÊ É AMPARADO

OS ANTEPASSADOS ✶
CORAGEM
ORIENTAÇÃO DO DOMÍNIO MÍSTICO:
REALIZAR O SEU SONHO

O ANJO DA GUARDA ✶
ORIENTAÇÃO
ORIENTAÇÃO DO DOMÍNIO DOS ANJOS:
CONFIAR NA SUA VOZ INTERIOR

O Corpo ★ Aparência

O Coração Partido ✶
Mágoa

ORIENTAÇÃO DO ELEMENTO EMOCIONAL:
ENCARAR A SUA MÁGOA

MÃOS EM PRECE ✶ PAZ

ORIENTAÇÃO DO ELEMENTO MENTAL:
CESSAR A BUSCA

O Cálice ✶ Plenitude

ORIENTAÇÃO DO ELEMENTO ESPIRITUAL:
EXPRESSAR A SUA VERDADE

VÊNUS ✶ AMOR DIVINO
ORIENTAÇÃO DA ENERGIA PLANETÁRIA:
ABANDONAR VELHOS PADRÕES

LIBRA ✶ EQUILÍBRIO
ORIENTAÇÃO DA INFLUÊNCIA
ASTROLÓGICA: ESTABELECER LIMITES

AFRODITE ✶ PODER

ORIENTAÇÃO DO DOMÍNIO DA DIVINDADE:
CONFIAR NO PROCESSO DO AMOR

Leia também:

Como Encontrar a Pessoa Certa para Amar

Michael

Se, como milhões de outras pessoas, o que você mais teme é que não exista a pessoa certa para você, Michael, autor de 17 livros sobre almas gêmeas traduzidos nas principais línguas do mundo, afasta para longe esse medo no seu livro mais recente – *Como Encontrar a Pessoa Certa para Amar* – um livro escrito para você.

Atualmente, Michael reside na Áustria, na companhia de Maria, a sua pessoa certa, e de um filho, John Mathew. Neste seu novo livro que, como os outros, sem dúvida entrará para a lista dos mais vendidos, Michael afirma que precisamos soltar as amarras dos relacionamentos limitados, limpando nosso espaço para que a pessoa certa possa entrar.

Autor internacionalmente conhecido de *Como Encontrar sua Alma Gêmea* e de *Sua Alma Gêmea Está Chamando*, ambos publicados pela Editora Pensamento – ele aborda aqui a questão da sensualidade e da sexualidade, e prova que os feromônios – um tipo de hormônio transportado pelo ar – é que nos possibilitam atrair a pessoa certa ou nos levam até ela.

Tratando dos diversos fatores que tornam o homem ou a mulher atraentes, ele explica que são os nossos genes que determinam se temos ou não a carga elétrica necessária para magnetizar ou atrair a pessoa certa e ensina como eliminar os genes que nos impedem de realizar esse sonho.

Michael garante que este livro o levará até essa pessoa!

ESOTERISMO / MISTICISMO

Magias e Rituais de Amor

Lance um encantamento em quem você ama!

O romance é algo maravilhoso e misterioso; portanto, direcione os poderes das cartas-talismãs, dos cristais, da lua e das velas para curar um coração partido, melhorar uma relação já existente ou encontrar um relacionamento novo e satisfatório. Neste livro especial de magias estão os encantamentos, os rituais e os caminhos para você viver um amor verdadeiro.

Abra-se para a intimidade: atraia o amor com poções feitas de ervas, libere emoções que impedem a realização dos seus sonhos e seja grato ao seu corpo e à sua sexualidade. Com as interpretações detalhadas das treze cartas, você absorverá cada gota de conhecimento que elas têm para dar.

Cada página desta obra cativante proporcionará a você a magia e as informações certas para dotar da necessária energia qualquer ritual que você queira realizar.

EDITORA PENSAMENTO

ISBN 85-315-1164-X

9788531511646

Leia também:

Numerologia para o Amor e os Relacionamentos

Sonia Ducie

***Numerologia para o Amor e os Relacionamentos* revela:**

Como descobrir – no seu mapa, e
nos mapas das outras pessoas –
os Números da Personalidade, do Caminho da Vida,
do Ano Pessoal, do Carma e da Meta Principal.

A influência que os números exercem sobre você e
sobre seus relacionamentos, em todos os níveis.

A influência dos números e os desafios que eles representam no
contexto dos relacionamentos e
sua relação com a personalidade de cada um.

Como descobrir os Números da Comparação de cada
relacionamento e o que significam esses números.

Por mais variados que sejam os relacionamentos, todas as ligações entre duas pessoas estão sujeitas à influência mágica dos números.

Numerologia para o Amor e os Relacionamentos explica os poderes latentes dos números e a relação que eles têm com a personalidade de cada um. Descubra como fazer seu mapa numerológico e, depois, compare-o com o mapa das pessoas que são importantes para você: o namorado, os amigos, os colegas de trabalho, os parentes.

A numerologia é divertida e muito esclarecedora.